乳幼児における「ふり」の理解の発達

中 道 直 子 著

風 間 書 房

公刊によせて

　ふり遊びは，乳幼児の表象の発達の現れであり，認知発達の基礎となる。子どもは養育者とのやり取りの中でふりを理解し，ふりをする。しかしながら，認知能力の未熟な乳児がふりと現実を混同しないのはなぜだろうか。また，ふりの理解はどのように発達するのだろうか。これらは，最先端の問題として世界の研究者が注目している問題である。本書はふりをめぐるこれらの問題に取り組んだものである。

　著者である中道直子さんは，乳幼児への強い関心から1998年千葉大学教育学部幼稚園教員養成課程に入学，私の研究室に所属し卒業論文を執筆し，引き続いて2002年千葉大学大学院教育学研究科幼児教育分野（現学校教育学専攻教育発達支援系）に入学し，乳幼児の発達研究を開始した。2004年の修士課程修了後短大教員として勤務した後，2008年に東京学芸大学大学院連合学校教育学研究科博士課程教育構造論講座（配置大学：千葉大学）に入学し，研究に専念した。その研究は，ふりの理解について，目的論的推論に基づく理解から心理主義的推論に基づく理解への発達モデルを提唱し，それによってふりの理解は1歳半頃に可能であるという主張と4歳以降でないと理解できないという主張が対立してきた従来の研究を統一的に説明しようとしたものである。その成果の一部は *Journal of Cognition and Development*，発達心理学研究などに発表されてきた。

　中道さんの着実な研究は高く評価され，2011年，課程修了とともに提出した「乳幼児における「ふり」の理解の発達」と題する博士論文により，博士（教育学）を授与された。この度，この博士論文が本書として公刊されることは，中道さんの長年の努力が実を結んだものであり，その研究の展開を見つめてきたものとして喜びにたえない。

本書は実験を重ねる中で以下の諸点を明らかにしている。

1．乳児から幼児にかけてのふりの理解の発達を説明するモデルを提唱した。

2．1歳半児の母親のふりを行う時の行動特徴を明らかにし，特に微笑とオノマトペの使用が1歳半児のふりの理解，さらにその後，2歳になった時のふり理解と関連することを見いだした。

3．1歳半児のふりの目的論的推論に基づく理解を予測の違背課題で検討し，彼らがふりを目的論的推論で理解している可能性を示唆した。

4．3-5歳児に対し，知識の有無や知識内容がふりに及ぼす影響の理解を検討し，ふりの心理主義的推論に基づく理解がこの時期に発達することを明らかにした。

5．縦断研究を基に，ふりの目的論的推論に基づく理解から心理主義的推論に基づく理解への発達をもたらす要因としてのふり遊び体験の重要性を示した。

本書はこのように創意工夫に満ちた多様な研究手法を用い，提唱した乳児期と幼児期のふりの理解の発達の統一的モデルを実証している。このような創造的で着実な研究は，認知発達心理学に高い理論的・実証的貢献と学問的意義を持つものといえる。

本書の成果を踏まえ，中道さんはさらにふりの機能の研究を精力的に展開してきており，その成果はますます注目されるところである。今後の研究生活の充実と一層の活躍を期待している。

2016年8月

千葉大学教育学部

中 澤 　潤

目　　次

公刊によせて（中澤　潤）

第1章　問題・目的

第1節　はじめに……………………………………………………………1

第2節　ふりの理解とは…………………………………………………2

第3節　早期のふりの理解を足場作りする環境からのインプット………2

第4節　ふりの心的状態の理解を可能にする子どもの社会認知的発達……5

第5節　ふりの理解研究における理論的論争……………………………9

第6節　従来のふりの理解の理論における問題点………………………12

第7節　新しいふりの理解の発達モデルの提案

　　　　―目的論的推論から心理主義的推論へ―……………………13

第8節　本研究の目的と構成……………………………………………20

第2章　ふり遊びにおける母親のふりシグナル

第1節　母親のふりシグナルと子どものふりの理解（実験1）…………23

第2節　母親のふりシグナルと後の子どものふりの理解（実験2）………34

第3章　目的論的推論によるふりの理解

第1節　環境上の制約（本物の欠如）の推測（実験3）………………43

第2節　目標の推測（実験4）……………………………………………54

第4章　心理主義的推論によるふりの理解

第1節　ふりの知識状態の理解（実験5）………………………………63

第2節　ふりの知識内容の理解（実験6）………………………………71

ii 目　次

第5章　心理主義的推論への移行におけるふり遊びの役割（実験7）

第1節　問題・目的 ……………………………………………………… 81

第2節　方法 ……………………………………………………………… 83

第3節　結果 ……………………………………………………………… 86

第4節　考察 ……………………………………………………………… 90

第6章　総合的考察

第1節　結果の概要 ……………………………………………………… 93

第2節　ふりの理解の発達モデルの検証 …………………………… 95

第3節　本研究の意義 …………………………………………………… 99

引用文献 …………………………………………………………………… 103

あとがき …………………………………………………………………… 111

第1章　問題・目的

第1節　はじめに

　Vygotsky (1967) は，ふりとは物や行為の通常の意味を無視して，それら
を想像上の意味や状況に従わせて楽しむ活動であり，ふりをすることで子ど
もは抽象的な思考を発達させると論じた。さらに，先行研究は他者のふりを
理解することが，乳幼児期の他の重要な認知能力，例えば，心の理論などと
関連することを報告してきた (Bruell & Wolley, 1998; Custer, 1996; Davis, Woolley,
& Bruell, 2002; Gopnik & Slaughter, 1991; Gottfried, Hickling, Totten, Mkroyan, &
Reisz, 2003; Mitchell & Neal, 2005)。このように，ふり遊びは子どもの認知発達
にとって重要な活動であると考えられてきた。

　子どもは1歳になる頃から，母親と一緒のふりに参加するが (Haight &
Miller, 1993)，彼らがふりと現実を混乱する様子を見せることはそれほど多
くない。ゆえに，発達心理学者達は，どのように子どもたちが他者のふりを
理解するようになるのかに興味を持ってきた。特に1990年代では，ふりを
する人の心的表象を理解する幼児自身の能力を中心に研究が行われてきた
(Aronson & Golomb, 1999; Davis et al., 2002; Gopnik & Slaughter, 1991; Joseph, 1998;
Lillard, 1993b, 1996, 1998; Mitchell & Neal, 2005; Nichols & Stich, 2000; 杉本，2008)。

　しかしながら，2000年以降に発表された研究では，乳幼児の他者のふり
の理解を助ける，大人を含む環境からのインプットの重要性が強調されるよ
うになってきた。例えば後述するような，ふり遊びにおける母親のふりシグ
ナル (Lillard, Nishida, Massaro, Vaish, Ma & McRoberts, 2007; Lillard &
Witherington, 2004; Nishida & Lillard, 2007) や，そこに本物がないこと (Ma &

Lillard, 2006）などは，子どもの早期のふりの理解を足場作りしているようである。すなわち，客観的な手掛かりがあれば，幼い子どもであっても行動レベルで他者のふりを理解することができるように見える。また，子ども自身の社会認知的発達（心の理論の獲得）とともに，彼らは次第にふりをする人の心的状態をも理解するようになる。本研究では，目的論的推論と心理主義的推論という2種の推論によって，上記の2段階のふりの理解が可能となるという発達モデルを提案する。本研究で提案するふりの理解の発達モデルは，既存のふりの理解の理論が抱えていた問題点を解決し，長く続いてきたふりの理解研究における論争を解決する一助となるだろう。

第2節　ふりの理解とは

　本書では，ふりの理解とは，ふりが「真剣でなく特有の形式をした認識的行為」であることの理解と定義する。真剣でない行為とは，ふりにおいて動作主は後に紹介するふりシグナルのような遊び的振る舞いをすることを指す。また，特有の形式の行為とは，動作主が，まるで〜であるかのように行為（as if 行為）することである。さらに，認識的行為とは，ふりをしている人が物理的現実とは異なる架空の心的状態を持つことを意味する。ただし，本研究ではこの3つの要素を最初から子どもが理解しているのだと想定しているわけではない。はじめは，「真剣でなく特有の形式をした行為」としての行動レベルでの理解であり，後に「認識的な行為」としての理解，すなわちふりをするときの動作主の心的状態の理解へと発達するのだと主張する。

第3節　早期のふりの理解を足場作りする環境からの　　　インプット

　最近の Lillard らの一連の研究（Lillard et al., 2007; Lillard & Witherington, 2004; Ma & Lillard, 2006; Nishida & Lillard, 2007; Richert & Lillard, 2004）は，子ど

ものふりの理解，特に早期のふりの理解が，以下のような子どもが知覚できる環境からのインプット（as if 行為，ふりシグナル，本物の欠如）によって足場作りされていることを明らかにした。

1. as if 行為（まるで〜であるかのような行為）

ふり遊びの中で子どもが知覚できる環境からのインプットの中で最も基本的なものは，as if 行為である。例えば，バナナを電話にするふり遊びにおいて子どもは，母親がバナナを耳に当て，まるで本当に電話をかけているかのように行為するのを見る。ただし，電話をかけているかのような行為と，本当に電話をかける行為との差違はわずかである。このわずかな差違を際立たせるのは，動作主の as if 行為に付与されるふりシグナルである。

2. ふりシグナル

ふりシグナルとは，ふり遊びにおいて見られる，動作主の遊び相手に対する頻繁な微笑，注視，効果音などの行動を指す。これを実験によって明らかにしたのは，Lillard & Witherington（2004）である。彼女らはアメリカの母親が 1 歳半の我が子の前で，おやつを食べるふりをする様子と，本当におやつを食べる様子をそれぞれ 2 分間ずつ観察した。すると，母親はおやつを食べるふりをするときに，多くの言葉や効果音を話し，頻繁に微笑み，持続時間の長い微笑をした。母親の微笑の多くは，母親自身の動作を指示対象とするものであった。また，母親は子どもを頻繁にまた長い時間注視し，おやつに関連する動作を頻繁に行い，これらの動作のうちのいくつかが速くなった。母親の行動のうち，母親の発話数，微笑の頻度や持続時間，子どもを見る頻度と持続時間，持続時間の短いの動作の頻度は，子どものふりの理解と関連していた。つまり，これらの母親からのふりシグナルは，幼い子どもに母親がふりをしていることを伝えていたものと考えられた。

しかし，Lillard & Witherington（2004）の研究は，ふり場面での母子の行

4 第1章 問題・目的

動の相関を調べたに過ぎない。どちらが原因で結果であるかを明らかにする1つの方法は，母子のふりのやりとりの系列を調べることである。そこでNishida & Lillard（2007）は，Lillard & Witherington（2004）で得られた映像を用いて，母親がおやつを本当に食べるとき（本当条件）と，おやつを食べるふりをするとき（ふり条件）の母子の行動系列を分析した。その結果，ふり条件において，子どものふりの理解につながる社会的参照系列（母親のふり動作→母親の子どもへの注視→母親の微笑→子どもの微笑及び／もしくはふり動作）は，単なる模倣系列（母親のふり動作→子どものふり動作）や情動模倣系列（母親の微笑→子どもの微笑）より頻繁に生じた。さらに，社会的参照系列は本当条件よりふり条件で頻繁に生じた。すなわち，これらの結果は，子どものふりの理解が，母親のふりシグナルによってもたらされたものであることを示唆している。

3. 本物の欠如（環境上の制約）

もう1つの環境からのインプットは，本物の欠如である。多くの食べるふりは本物の食物がない環境で，お姫様のふりは本物のお姫様がいない環境で行われる。Ma & Lillard（2006）は，2歳児は本物が欠如しているかどうかの情報を利用できないとき，ふりシグナルのみに基づいて映像中の他者が食べるふりをしているのか，それとも本当に食べているのかを区別することが難しいことを示した。2-3歳児は，役者が真面目な調子で布カバーに覆われたボウルからレーズンを食べる映像と，別の役者がふりシグナルを出しながら色の違う布カバーに覆われた別のボウルから食べるふりをする映像を順番に提示された。それから，実験者は各役者が使っていたのと同じボウルを子どもの手の届く場所に押し出し，母親に「どこに本当のレーズンはある？レーズンを取って」と言ってもらった。同様の手続きを，食物の種類を換えて4試行実施した。すると，3歳児は第1試行[1]においてチャンスレベルよりも有意に多く正しい選択（本当にレーズンを食べていた役者のボウルを選択す

ること）をしたが，2歳児と2歳半児の遂行はチャンスレベルと有意な差が
なかった。この結果は，3歳未満の子どもが，ふりシグナルに加えて本物の
欠如の情報がないと，映像中の他者のふりを理解できないことを示してい
る。このように，子どもの早期のふりの理解は，大人を含めた環境からのイ
ンプットによって足場作りされている。

第4節　ふりの心的状態の理解を可能にする子どもの 社会認知的発達

1. ふりと心の理論

　ふりは従来から，幼児期における心的な活動の出現の指標と考えられてき
た（e.g., Leslie, 1987）。なぜなら，ふりをするためには，動作主が物理的現実
とは異なる架空の心的状態を持ち，さらに自身がそのような心的状態にある
ことを認識しなければならないように見えるからである。そのため，子ども
のふりの研究は，心の理論研究とともに発展してきた。心の理論（Theory of
mind）とは，Premack & Woodruff（1978）によって提唱された，個体が他個
体の目に見えない心的状態を理解し，行動を予測するための理論的枠組みを
指す。また，心の理論の獲得を測る標準的課題を誤信念課題（e.g., Wimmer
& Perner, 1983）という。ふりと心の理論の関連をはじめに述べたのは，
Leslie（1987）である。

> 「ふりの出現は，対象や事象の理解の発達ではなく，認知それ自体を理解する
> 能力のはじまりとみなされる。それは，情報に対する自らの態度を特徴づけた
> り，情報を操作するヒトの心の能力の初期の兆候である。自分自身でふりをする
> ことは，他者のふり（情報に対する他者の態度）を理解する能力の特別なケース
> である。つまり，ふりは心の理論（Premack & Woodruff, 1978）と呼ばれるもの
> の初期の兆候である」（Leslie, 1987, p.416）

　実際，いくつかの研究が，ふりの理解もしくは表出と心の理論との関連を

6　第1章　問題・目的

明らかにしてきた。ふりの理解と心の理論の関連について，Mitchell &
Neal（2005）は，3-6歳児を対象に，ふりの理解課題の成績と誤信念課題の
成績に正の相関があることを示した。さらに，いくつかの先行研究が，4歳
頃に子どもがふりの理解課題と誤信念課題の両方に通過することを示した
（Davis et al., 2002; Gopnik & Slaughter, 1991 ; Mitchell & Neal, 2005）。しかしなが
ら先行研究の結果は混在しており，幼児にとっては誤信念課題よりふりの理
解の課題の方が比較的容易であることを示した研究もあれば（Davis et al.,
2002; Gopnik & Slaughter, 1991），その反対の結果を示した先行研究もある
（Lillard, 1993b）。このような結果の不一致の理由として，後述する方法論上
の問題が影響している可能性がある。

　ふりの表出と心の理論の関連については，Youngblade & Dunn（1995）が，
2歳9か月の時にふり遊びの中で役割演技（役をはっきり言語化せずに自分以外
の特別な役を演じる）を頻繁に行なう子は，3歳4か月の時に誤信念課題が良
くできるという結果を示した。一方，Jenkins & Astington（2000）は，2歳
10か月-3歳9か月児を対象とし，7か月に渡って3回の誤信念課題とふり
遊びの観察を行なった結果，誤信念課題の成績が良い子どもは，後のふり遊
びにおいて共同的提案（例：「ここが海ってことにしようよ」）や役割当て（例：
「私がお姉さん」）を頻繁に行うことを示した。このように，先行研究は異な
る因果関係を示しており，ふり遊びと心の理論の関係についてさらに検証を
重ねる必要がある。

2.　ふりの欲求や意図の理解

　Leslie（1987）の提案以降，実際に子どもはふりをどのように理解してい
るのか，特にふりをしているときの動作主の心的状態（欲求，意図，信念，知
識）についての理解の研究が盛んになった。以下に，この理解を調べた先行
研究の結果を概観する。

　欲求と意図は異なる心的状態であるが，一部の研究では，ふりの欲求や意

図は，並列に扱われてきた（Ganea, Lillard, & Turkeheimer, 2004; Lillard, 1998）。例えば Lillard（1998）は，イヌのようになりたくないし（欲求），イヌのように穴を掘ろうとするつもりはない（意図）けれども，イヌのように穴を掘っている人形を提示し，人形がイヌのふりをしているのかを子どもに尋ねた。すると，4-6歳児は人形がイヌのふりをしていると誤答する傾向があった。このことから Lillard（1998）は，子どもは4歳を過ぎてもふりの欲求や意図を理解することができないのだと結論付けた。

一方，幼児は4歳頃には他者のふりの意図を理解していることを示した研究もある（Joseph, 1998; Mitchell & Neal, 2005）。Joseph（1998）は，3, 4歳児に風邪をひいてくしゃみをしている人形と，くしゃみをするふりをしている別の人形を提示し，わざとくしゃみをしようとしているのは誰かと尋ねた。これを，風邪を病気に，くしゃみを咳にそれぞれ置き換えたもう1試行と合わせて2試行実施した。すると，3歳児の58％と4歳児の85％が，くしゃみや咳をするふりをしている人形を正しく選択した。また，Mitchell & Neal（2005）は，3-6歳児が自分自身のふりの意図を理解していることを示している。例えば，子どもにジャンプをさせ，実験者はその行為がウサギに似ていることを指摘し，子どもにウサギのふりをしているのかどうかを尋ねた。すると，3-6歳児の59％が自分はウサギのふりをしていないと答えた。

3. ふりの信念や知識の理解

Lillard は，幼児がふりの信念や知識を理解していないと主張している（Lillard, 1993b; Richert & Lillard, 2002）。例えば，Lillard（1993b）の研究において，実験者は幼児に遠くのトロールの国から来た人形モー（Moe）を提示し，「モーはウサギのことを見たこともないし，知らないが，ウサギのように飛び跳ねている」のだと説明し，モーがウサギのように飛び跳ねる様子を見せた。それから，モーはウサギのふりをしているのかどうかを幼児に尋ねた。すると，実験1において，4, 5歳児の56％は一貫してモーはふりをしてい

8   第1章　問題・目的

ると誤って答えた。Lillard（2002）は一連の研究結果（1993b, 1996, 1998）を踏まえて，6歳児以下ではふりを単にまるで〜であるかのように行為すること（behaving as if）と捉えているにすぎないのだと結論づけた。

　一方，幼児がふりの信念や知識を理解していることを示した研究もある（Aronson & Golomb, 1999; Bruell & Wolley, 1998; Custer, 1996; Davis et al., 2002; Gottfried et al., 2003）。例えば，Aronson & Golomb（1999）は，ジャンピング・ビーン[2]を知っているが，バッタを知らない主人公が，両方に共通する行為（ジャンプ）をしているときに，何のふりをしているのかを尋ねた。すると，4歳児の多くは，主人公はジャンピング・ビーンのふりをしているのだと答えた。

4. Lillard のパラダイムの難しさ

　なぜこのように異なる結果が得られたのだろうか。その理由の1つとして，Lillard のパラダイムの難しさが指摘されてきた（Aronson & Golomb, 1999; Davis et al., 2002; Gottfried et al., 2003）。例えば，動作主の行為と心的状態を葛藤させるために故意に組み込まれたものであるとはいえ，「ウサギのことを知らないけれども，ウサギのように跳びはねている」（Lillard, 1993b）という教示はかなり不自然であり，理解するのが困難である。課題を変えると4歳児の成績が良くなることは，ふりをするときの心的状態の理解が，この頃に出現しつつあるものの，彼らのふりの心的状態の理解がまだもろいことを意味しているのかもしれない。

　子どもの理解や概念が，初期の段階ではもろいものであることに関しては，素朴生物学の研究でも示されている。稲垣・波多野（2005）は，子どもの素朴生物学は5歳までには確立されるが，その前の移行期にあたる4歳児が持っている初期の生物学は，文脈（Gutheil, Vera, & Keil, 1998）や質問の種類（Inagaki, 1997）によって容易に影響されると述べている。すなわち，素朴心理学や素朴生物学を含めた外界に関する子どもの理解の多くは，ある時突

然に変化するのではなく，緩やかな移行の時期を経て，より確実な理解へと発達するのだろう。Lillard のパラダイム中の教示の不自然さなど修正し，子どものふりの心的状態の理解が発達していく過程を検討する必要がある。

第5節　ふりの理解研究における理論的論争

　上記のふりの心的状態の理解の研究の背景には，ふりの理解研究において長く続いている理論的論争がある。

1. メタ表象理論（Metarepresentation theory）

　Leslie（1987）は，子どもは1歳半という早期から，ふりをするときの心的状態を既に理解しているのだと主張した。彼の提唱するメタ表象理論では，同一の生得的なモジュールの働きが，子どものふりの理解と表出，そして心の理論を可能にするのだとする。彼の理論においては，例えば，母親がバナナを電話にするふりをする様子を見る場合，子どもの脳内で生得的なモジュールが働いてバナナと電話の一次表象が切り貼りされ，最終的にMother PRETEND "this banana, it is a telephone" というメタ表象を算出するまでのプロセスがコンピュータの情報処理のように描かれている（図1-1）。心の理論の欠損を特徴とする自閉症児が自発的にふり遊びをすることが少ない（Baron-Cohen, 1987）ことが，この理論を支持する根拠の1つである。

2. as if 行為理論（Behaving as if theory）

　これに対抗するのは，子ども達は最初，ふりを単なる「まるで〜であるかのように行為すること（behaving as if）」として捉えており，ふりの心的状態について理解していないのだとする as if 行為理論である（Lillard, 1993a, 1994, 2002; Nichols & Stich, 2000; Perner, 1991）。as if 行為理論では，as if 行為として

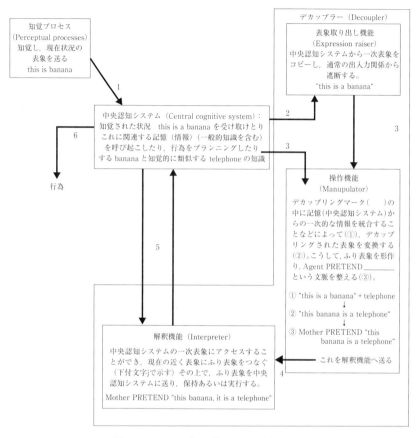

図1-1 Leslie (1987) のメタ表象理論

のふりの理解は，後にふりの心的状態の理解へ移行することを想定している。しかしながら，後者の理解への移行の時期に関しては意見が分かれる。Perner (1991) は心の理論の獲得期とされる4歳頃であると主張するのに対し，Lillard (1993a, 1994, 2002) はそれより後であると主張する。

3. 意図的な as if 行為理論 (Intentional behaving as if theory)[3)]

as if 行為理論に対して，もし子どもが as if 行為理論を用いているなら，ふり以外の as if 行為 (例：失敗) もふりであると誤って判断してしまうのではないかという批判がある。この批判に答える形で，修正版の as if 行為理論を提案したのが，Rakoczy (2008) である。Rakoczy らは一連の研究によって (Rakoczy & Tomasello, 2006; Rakoczy, Tomasello & Striano, 2004, 2006)，子どもが早期からふりとふり以外の as if 行為を区別できることを示した。例えば，Rakoczy et al. (2004) の研究において，2-3 歳児は 2 つの as if 行為 (描くふりをすることと，描こうと試みること) を提示された。ふりの場合には役者はプレイフルな表現で (例：擬音を発し，楽しそうに)，キャップのついたままのペンで絵を描くふりをし，描こうと試みる場合では役者はイライラした表現で (例：「何が悪いんだ」「うーん」などと言う)，描こうとするができない様子を見せた。前述のように，もし as if 行為理論が正しいのならば，子どもは知覚的に類似した 2 種の as if 行為 (いずれも実際に絵が描かれることはない，まるで絵を描いているかのような行為) を区別しないはずである。しかしながら，役者が描くふりをする様子を見た後では子どもは描くふりを模倣し，役者が描こうと試みる様子を見た後では子どもは実際に絵を描いて見せた。すなわち，2-3 歳児は 2 つの行為の背後にある異なる意図を理解しているように見えた。

これらの知見から，Rakoczy (2008) は，ふり遊びに参加しはじめる早期 (2 歳頃) から子どもは，あくまで意図的な as if 行為としてふりを理解しており，段階的な概念変化を経て 4 歳以降にふりの心的状態の理解を含めた大人と同じふりの概念が獲得されると論じた。この理論は，本書で後に提案するふりの理解の発達モデルに最も近い。しかしながら，彼らの研究において，子どもが役者の意図という目に見えない心的状態を本当に理解していたのかは疑問である。もしかすると子どもは，単なる行為の最終状態としての「目標」

12　第1章　問題・目的

を理解していたに過ぎないのかもしれない。また，彼らの研究においては，役者の遊び的な表現（ふりシグナル）が子どものふりの理解を助けていたことにも注意しなくてはならない。

第6節　従来のふりの理解の理論における問題点

1.　発達モデルの欠如

　先行研究の結果を踏まえると，子どものふりの理解は2つに分類することができる。1つは，1歳半頃より見られる，環境からのインプット（as if 行為，ふりシグナル，本物の欠如）によって導かれる早期のふりの理解である。もう1つは，子ども自身の社会認知的発達により可能になる，ふりの心的状態の理解である。では，子どもの早期（1歳半頃から）のふりの理解と，後（4歳以降）のふりの心的状態の理解には，より具体的にどのような違いがあるのだろうか。

　Leslie（1987）のメタ表象理論は，定型発達児であれば，ふりの理解と表出，そして心の理論を司るモジュールを早期から備えていることを想定しているため，後の発達をほとんど説明していない。一方，as if 行為理論と意図的な as if 行為理論では，as if 行為もしくは意図的な as if 行為という早期のふりの理解から，ふりの心的状態の理解へと変化するというように，ふりの理解の発達を説明している（Lillard, 1993a, 1994, 2002; Perner, 1991）。しかしながら，いずれの理論も，早期の理解と後の理解が，それぞれ具体的にどういったメカニズムで獲得されるのかや，移行の過程を詳細に説明していない。

2.　環境からのインプットの軽視

　Leslie（1987）のメタ表象理論においては，バナナと電話の表象を認知的に処理するプロセスに焦点が当てられているだけであり，母親のふりシグナ

ルなどの環境からのインプットは理論に組み込まれていない。一方，as if 行為理論では，as if 行為という環境からのインプットしか考慮されていない。また，意図的な as if 行為理論では，as if 行為や，ふりシグナルの存在は論じられているものの，それが理論にどのように組み込まれるのかを説明していない（Rakoczy, 2008）。発達早期のふりの理解においては，ふりシグナルや本物の欠如などの環境からのインプットが，重要な役割を担っているだろう。すなわち，子どもは孤独な学習者ではなく，子どもは他者から与えられる情報を処理することで自分を取り巻く世界を理解しているのである（Gelman, 2009）。これらの環境からのインプットをどのように子どもが処理した結果，ふりを理解することができるのかを説明するモデルが必要である。

第7節　新しいふりの理解の発達モデルの提案
―目的論的推論から心理主義的推論へ―

1. Gergely & Csibra（2003）の意図的行為のモデル

　上記の問題点を解決する糸口は，Gergely & Csibra（2003）のモデルにある。彼らの意図的行為のモデルは，心の理論研究における，一見対立するような2種類の研究知見，すなわち乳児期で既に見られる目標指向行為の理解（Csibra, Bíró, Koós, & Gergely, 2003; Csibra, Gergely, Bíró, Koós, & Brockbank, 1999; Gergely, Nádasdy, Csibra, & Bíró, 1995）と，4歳頃の誤信念課題への通過（Wellman, Cross, & Watson, 2001）の発達的ギャップを埋めるために提案された。

　Premack & Woodruff（1978）によって心の理論という概念が提唱され，その獲得を測る誤信念課題（e.g., Wimmer & Perner, 1983）が考案されてからの約20年間で多くの研究結果が蓄積された。Wellman et al.（2001）は，それらの研究結果をメタ分析し，ヒトが他者の心を理解する能力は4歳以降に獲

14　第1章　問題・目的

得されることを示した。Wellman et al.（2001）の研究は，それまでの心の理論研究に1つの終止符を打つものであった。しかしながらその同時期に，注視法を用いた乳児研究の手法が確立されてきたことにより，乳児でさえも単純なアニメで表現された他者の心を理解しているかのような知見が発表されるようになった（Csibra et al., 1999; Csibra et al., 2003; Gergely et al., 1995）。例えば，Gergely et al.（1995）は，12か月児に対して，小円が障害を跳び越すことによって，大円に近づき，接触する映像（図1-2のa）を反復して見せ，馴化させた。テスト段階では，障害が取り除かれ，2つの映像を提示した。1つは，馴化段階と同様に跳んで目標に近づく映像であり，もう1つはまっすぐに目標に近づく知覚的に新奇な映像であった。子ども達は，跳ぶ映像の方を長く注視し，まっすぐ接近する映像では脱馴化を示さなかった。

　一部の研究者達は，この結果は，乳児が既に他者の心を理解していることを表すものだと考えている。この立場の典型は，「モジュラリスト」（e.g., Leslie, 1994）や，「シミュレーショニスト」（e.g., Meltzoff, 2002）である。彼らはいずれも，乳児が他者に因果的で意図的な心的状態を同定したり，帰属したりすることができるのだと主張する。

⑴　目的論的推論 (teleological reasoning)

　これに対して，Gergely & Csibra（2003）は，乳児は目的論的推論という，年長の子どもや大人とは異なる，非心理主義的な解釈システムを用いて，他者の行為を理解しているのだと論じた。目的論的推論とは，合理的行為の原理（the principle of rational action）もしくは合理性（rationality）によって導かれる，非心理主義的な，現実ベースの行為解釈システムである（図1-3の内円）。合理的行為の原理とは，「動作主は目標を達成するために，環境上の制約の範囲内で実行可能な最も効率の良い行為をする」というものである。つまり，図1-2の小円が大円のところへ壁（環境上の制約）を飛び越えて行く映像を見せられた乳児は，大円に会うという「目標」を小円に帰属し，壁が

第7節　新しいふりの理解の発達モデルの提案　15

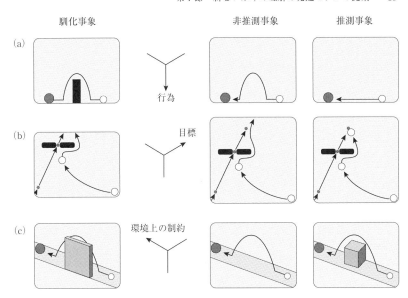

図1-2　乳児の目的論的推論による行為の理解を調べる刺激
（Gergely & Csibra, 2003）

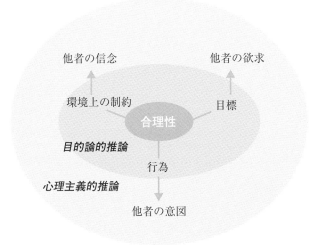

図1-3　Gergely & Csibra（2003）の意図的行為のモデル

16　第1章　問題・目的

取り除かれた後もなお，小円が飛び越えて大円に接近するという非合理的な行為をしたことに驚いて長く注視するというのである。このように，乳児は動作主を駆り立てる心的状態を理解しなくても，動作主に目標を帰属することで，その行為の意味を理解することができる（Phillips & Wellman, 2005）。Gergely と Csibra らは複数の実験を通して，この推論の妥当性を検証した。図1-2の（a）は「行為」の推測（Csibra et al.,1999; Gergely et al., 1995），（b）は目標の推測（Csibra et al., 2003），（c）は環境上の制約の推測（Csibra et al., 2003）を調べる刺激映像（課題）を表しており，いずれの実験においても，目的論的推論を用いた場合の推測と一致する事象より，一致しない事象を乳児は長い時間注視した。すなわち，これらの結果は，乳児が目的論的推論を使用していることを支持するものであった。

⑵　心理主義的推論（mentalistic reasoning）

　Gergely & Csibra（2003）は，目的論的推論が，発達とともに心理主義的推論（心の理論）という新たな素朴理論へと変化すると論じている（図1-3の外円）。心理主義的推論とは，同様に合理的行為の原理を中核とする，他者の心的状態（信念，欲求，意図）に基づく行為解釈システムである。心理主義的推論を用いると，以下の例のように，他者の誤信念を子どもは理解することができるようになる。

　トムはチョコレートを冷蔵庫にしまったが，母親がトムの知らない間にチョコレートを食器棚に移し，その様子を妹のサリーが見ていたとする。次の日，トムが台所にやってきたとき，トムの欲求（チョコレートを食べたい）と，トムの環境上の制約に対する信念（チョコレートは冷蔵庫にある）を知っていると，サリーはトムが欲求を満たすために，冷蔵庫を開ける（意図）のだと推測することができる。

2. 目的論的推論と心理主義的推論によるふりの理解

　上述の乳児の目標指向行為の理解の研究結果や Gergely & Csibra（2003）のモデルを踏まえると，子どもの早期（1歳半頃から）のふりの理解は，目的論的推論による，動作主の遊ぶという目標の理解だと考えることができる。また，子どもの後（4歳以降）のふりの理解は，心理主義的推論による，ふりの心的状態の理解であるのだろう。Gergely らは，目的論的推論の段階では誤信念やふりの理解を表すことができないとしている。なぜなら，他者がふりをしている場合，他者の心的状態は実際の現実と一致しない架空の現実を表しているため（Gergely & Csibra, 2003），ヒトは心理主義的推論を用いなければ他者のふりを理解できないと彼らは考えているからである。しかしながら，下記に示すように，他者のふりもまた，目的論的推論を用いることによって，非心理主義的に現実ベースで解釈されることが可能であるだろう。そこで，本論文では，Gergely & Csibra（2003）が提案した2つの推論を一部修正することで，新しいふりの理解の発達モデルを提案する（図1-4）。

(1)　**目的論的推論によるふりの理解（1歳半頃から）―図1-4 の内円―**

　母親が今ここにない食物を食べるふりをしている姿を子どもが観察している場合を想定しよう。最初，子どもは母親が本当に食べているのではないかと思うかもしれない。しかしながら，子どもは次第に，食器の中に食物はなく，母親があくまでまるで食べているかのような行為をしていることに気づくだろう。また，ふりシグナルは，その行為が真面目に解釈されるべきものではないことを子どもに気づかせるかもしれない。その結果，「母親は本物の食物がないから（環境上の制約），ふりシグナルを出しながら，まるで食べているかのような行為をして（行為），遊んでいるのだ（目標）」と，子どもは理解することができる。このように，目標論的推論の段階では，客観的現実に基づいて他者のふりは理解されるだろう。

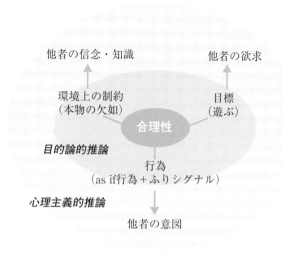

図 1-4　ふりの理解の発達モデル

(2) 心理主義的推論によるふりの理解（4歳頃から）―図 1-4 の外円―

　心理主義的推論の段階へ移行すると，「環境上の制約」は「他者の信念・知識」へ，「行為」は「他者の意図」へ，「目標」は「他者の欲求」へと，それぞれ推論の構成要素が変わる。例えば，他者のウサギのふりを見ると，ウサギのふりをしている他者は，ウサギのようになりたい（欲求）から，今ここにいないウサギのことを思って（信念・知識），ウサギのように飛び跳ねる（意図）のだと子どもは推測することができる。

　心理主義的推論を使用するようになると，目的論的推論で起こりえるエラーは生じなくなる。例えば，動作主がふりの心的状態を持たない場合のふりに似た行為（机の下に落ちた鍵を拾うために四つんばいになる）と，真のふりを区別することができる（イヌのように振るまいたいから，四つんばいになる）。ただし，5節で述べたように，心理主義的推論への移行はある時突然に生じるのではなく，緩やかに行われ，初期の段階では若干のエラーが生じること

も想定される。

⑶ 目的論的推論から心理主義的推論への移行

目的論的推論から心理主義的推論への移行は何によって可能になるのだろうか。子どもが用いている理解の枠組みが，どのようにして変化するのか，そのメカニズムの明細化は，認知発達心理学の根本的問題の1つである（Vosniadou, 1994）。また，特定のメカニズムを想定したとしても，これを立証することはかなり困難である。子どもが用いている理解の枠組みの変化には，物理的，社会文化的環境において，子どもが経験を積むことによって生じる自発的変化と，学校教育を含めた教授に基づく変化がある（稲垣・波多野，2005）。

おそらく，目的論的推論によるふりの理解から，心理主義的推論によるふりの理解への移行は，子ども自身がふりを表出する経験を積み重ねることによって可能となるだろう（図1-5）。なぜなら，ふり遊びの中では子ども自身が「ここが学校ってことだよ」や「私がお母さんってことね」と自らの心的状態について語ったり，遊び相手がそれを語るのを聞くことが多いからである。このような，ふり遊びの中で場面を設定したり，役割を割り当てたりするときに，自分や遊び仲間が心的状態について語ることは，ふりにおける動作主の心的状態を子どもに認識させるだろう。また，ふり遊びの中では，子どもは物理的現実にとらわれずに自由に表象を操作することが許される。ふり遊びにおいて，自由に表象を操作する練習を重ねることが，他者の心的状態（表象）を操作するための基盤的な能力を形成するだろう。このように，ふり遊びの中でのこれらの経験が，心理主義的推論への移行（すなわち心の理論の獲得）を助けるのだと予測される。

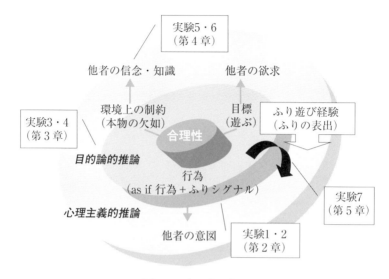

図 1-5　本研究の構成

第 8 節　本研究の目的と構成

　本研究の主な目的は，1) 子どもの早期のふりの理解は，大人を含めた環境からのインプットによって足場作りされていること，2) 子どもの早期のふりの理解が，目的論的推論によって可能になること，3) 後の子どものふりの理解が，心理主義的推論による動作主の心的状態の理解であること，4) ふり遊びをすることが，目的論的推論から心理主義的推論への移行（心の理論の獲得）を助けること，を検討することにある。このために，以下の 7 つの実験を実施する（図 1-5）。

1. 母親のふりシグナルと子どものふりの理解の検討（実験 1，2：第 2 章）

　子どもの早期のふりの理解が，環境からのインプットの 1 つである母親の

ふりシグナルによって足場作りされていることについて2つの実験を通して検討する。まず実験1では，日本の母親でもふりシグナルが見られるかどうかを確認した後，母親のふりシグナルと子どものふりの理解の関連を検討する。実験2では，母親のふりシグナルが，後の子どものふりの理解に長期的な影響をもたらすのかを検討する。

2. 目的論的推論によるふりの理解の検討（実験3，4：第3章）

子どもの早期のふりの理解は，目的論的推論によって可能になるかどうかを検討する。実験手法には，GergelyとCsibraとその同僚（Csibra et al.,1999; Gergelyet al., 1995）が行ったように，注視法を用いて，複数の方向から推論の妥当性を検証する方法を採用する。具体的には，1歳半の子どもが，目的論的推論を用いてふりを理解しているかどうかを検討するために，ふりにおける「環境上の制約」の推測（実験3），「目標」の推測（実験4）について検討する。もし，1歳半の子どもが真に目的論的推論を用いてふりを理解しているのなら，その推論によって導かれる「環境上の制約」や「目標」に反する事象を見た場合に，注視時間が長くなるだろう。

3. 心理主義的推論によるふりの理解の検討（実験5，6：第4章）

続く第4章では，後の子どものふりの理解が，心理主義的推論による動作主の心的状態の理解であるかどうかを検討する。ただし，第4章では，第3章のように推論そのものを厳密に検討するのではなく，ヒトがふりをするときの心的状態について，3歳から6歳までの幼児が理解していく過程を明らかにしていく。すなわち，ふりの心的状態について，子どもがいつから，どのように理解しているのかを明らかにすることが第4章の目的である。特に第4章では，ふりの心的状態の理解の中でも，ふりの「知識」についての幼児の理解に焦点化し，ふりにおける他者の知識状態（実験5）と知識内容（実験6）の2つの側面から，理解の発達的変化を検討する。

4. 心理主義的推論への移行におけるふり遊びの役割（実験7：第5章）

　前述のように，ふり遊びをすることが，目的論的推論から心理主義的推論への移行（心の理論の獲得）を助けると予測される。Youngblade & Dunn（1995）は2歳9か月の時に子どもがふり遊びの中で役割演技を行った頻度と，3歳4か月での誤信念課題の成績に正の相関があることを示した。このように先行研究の結果は，予測を支持する結果を示している。しかしながら，心の理論が後のふり遊びを促進するという反対の因果関係を示した研究もある（Jenkins & Astington, 2000）。そこで，実験7では，幼児期の子どものふり遊びと心の理論を縦断的に検討することで，ふり遊びが心理主義的推論への移行（心の理論の獲得）を助けるのかを検証する。

注
1)　位置バイアスのために，いずれの年齢群でも4試行での正答反応の平均割合はチャンスレベル以下だった。
2)　蛾の幼虫に寄生されているために動き回るメキシコ原産の植物の種子。
3)　意図的な as if 行為理論という名称は，Rakoczy 自身がつけたのではなく，彼らの論文を読んで Friedman & Leslie（2007）がつけた名称である。

第1章の一部は下記にて公表された。
中道直子（2011）．乳幼児におけるふりの理解の発達：目的論的推論から心理主義的推論へ．学校教育学研究論集，23, 1-12.

第2章　ふり遊びにおける母親のふりシグナル

第1節　母親のふりシグナルと子どものふりの理解（実験1）

1. 問題・目的

　第1章で紹介したように，Lillard & Witherington（2004）は，アメリカの母親が18か月の子どもの前で，おやつを食べるふりをするときに（ふり条件），本当におやつを食べるときよりも（本当条件），頻繁に微笑し，多くの発話や効果音を話し，トドラーを長い時間注視し，オヤツに関する動作を頻繁に行ったことを示した。さらに，これらの母親の行動のうちのいくつか（微笑，子どもへの注視，発話）は，子どものふりの理解の測度と関連があった。Lillard & Witherington（2004）の結果のほとんどは，より幅広い年齢の子ども達（15-24か月児）を対象に（実験1），異なるシナリオ（実験2）を用いて追試を行った Lillard et al.（2007）によって再現された。さらに，Nishida & Lillard（2007）は，Lillard & Witherington（2004）で得られた母子の相互作用を再分析して，ふり条件でトドラーの微笑および／またはふりの動作は，母親が単に微笑もしくはふり動作をした場合よりも，特定の行動系列（ふりをした後，子どもを注視し，微笑む）を示した後に頻繁に生じたことを示した。

　このように Lilllard 達の一連の研究は，母親がふりの場面で自らの行動を変化させ，それが結果的にトドラーのふりの理解を助けることを示した。これらの研究は，ふり遊びの中に埋め込まれた社会的インプットがトドラーのふり理解を助けることを示したという意味で重要である。しかしながら，このような証拠は Lillard の研究室で得られたものに限られている。ゆえに，

彼女らの結果を一般化するためには，他の環境でもふりの場面で母親の行動変化が観察されるかどうかを調べる必要がある。例えば，トドラーと一緒にふり遊びを楽しみたいと思っている他の文化圏の母親もまた，アメリカの母親と同様の方法で，ふりの場面で自らの行動を変化させることを示す必要がある。

　そこで第2章では，上記のような母親のふり場面での行動が，早期の子どものふりの理解を足場作りしているのかどうかを2つの実験を通して検討する。まず実験1では，日本の母親もまた，Lillard & Witherington（2004）におけるアメリカの母親のように，ふりの場面でふりのシグナルを送るかどうかを調べることとした。先行研究は，日本の母親が，アメリカの母親と同様に，幼い子どもと一緒にふり遊びをすることに長い時間を費やすことを示してきた（麻生，1996; Tamis-LeMonda, Bornstein, Cyphers, Toda, & Ogino, 1992）。このように日本の母親はふり場面でふりシグナルを送るのに必要な条件を満たしているように見える。また実験1では，ふりの場面での母親の行動と，子どものふり理解との関連も調べる。Bateson（1972）のプレイファイトにおける「プレイシグナル」の記述を考えれば，多くの文化の子ども達にとって，母親のふり場面での行動は「これは遊び」だというシグナルになるように思える。ゆえに，日本の母親はトドラーとのふり遊びの場面で頻繁に微笑するなどして行動を変化させるだろうし，このような母親の行動はトドラーのふりの理解と関連するだろう。

　トドラー期の子どものふりの理解の指標としては，Lillard & Witherington（2004）と同様に，ふり条件における子どもの「微笑」と「ふり動作」の頻度を採用した。1歳半児が言葉で自分の認知状態を報告できにくいことを考えれば，これらの行動は彼らのふりの理解を間接的に測るための最も利用しやすい測度である（Lillard, 2006）。実際，Nishida & Lillard（2007）は，母親が微笑んだり，ふりの動作をしたときにはいつでも子どもが微笑やふり動作をするわけではないし，子どもは母親の特定の行動系列（ふりをして，子ども

を見て，微笑む）に主に反応することを示している。ゆえに，子どもの微笑とふりの動作を，ふりの理解の指標として用いた。

2. 方法

(1) 参加者

1歳半児31名（男児17名，女児14名，平均18か月1週，範囲17か月1週-19か月4週）とその母親31名（平均33歳8か月，範囲21歳9か月-42歳9か月）が実験に参加した。母親は千葉市内の保健所や保育関連施設に掲示されたポスターを見て自発的に参加した。この他に2組の母子が実験に参加したが，子どもの気分が乗らない（1組），手続き上のミス（1組）のために分析対象外となった。

半数の母子がはじめに本当条件を受け，残りの半数の母子がはじめにふり条件を受けた。本当条件はじめ群16組（子ども：平均18か月1週，母親：平均34歳6か月）とふり条件はじめ群15組（子ども：平均18か月2週，母親：平均32年9か月）において，子どもの出生日数と母親の月齢に有意差はなかった（母親：$t(29)=0.89$, ns, 子ども：$t(29)=0.98$, ns）。

(2) 実験場面

実験は0.75 m × 0.75 mの机と，大人用の回転イスと子ども用のベルトのついた食事イスを設置した実験室で行った。1台のカメラは母親のイスから約2 m後方に置かれ，子どもの上半身を撮影した。もう1台のカメラは子どものイスから約2 m後方に置かれ，母親の上半身を撮影した。母親はビデオカメラで撮影されていることを事前に知らされていたが，ビデオカメラはケースに入れられており，カメラを意識しにくいように工夫されていた。各カメラはタイムカウンターを通して別々のビデオレコーダーにつながっており，各セッションで1/30秒の同期タイムスタンプが入った3種類の映像（子どもの上半身の映像，母親の上半身の映像，二者の分割映像）が記録された。

⑶ 材料と手順

　材料と手順は，おやつとしてひえりんぐ（キューピーが販売しているリング状のアレルギーフリースナック）と水を用いた以外は Lillard & Witherington (2004) とほぼ同様である。各条件で，ボウルとカップのセット 1 つ（赤色か青色のどちらか），金属性のボウル 1 つ，金属性のピッチャー 1 つ，紙ナプキンが用いられた。本当条件の場合は，金属性のボウルにひえりんぐ，金属性のピッチャーに水が入っていた。

　実験前に，母子は待合室に連れられ，実験の目的は親子のやりとりの観察であると説明された。実験の目的が，ふり遊びの観察にあるとは説明されなかった。さらに母親は倫理的配慮事項などの説明も受け，自身と子どもが研究に参加することを同意した場合には同意書にサインした。

　その後，母子と実験者は実験室に移動した。子どもは幼児用のイスに，母親は回転イスに向かい合わせで座った。実験者は食器等を所定の位置に置き，母親に次の事を説明した。以下は，本当条件の場合である。⒜ いつものおやつ時間のように，お子さんと向かい合って座って，おやつを食べてもらいたいこと，⒝ もしお子さんがおやつを欲しがったら食べさせてもよいこと，⒞ 実験者が戻ってくるまで，2 分間これを続けて欲しいこと。その後，実験者は実験の開始を伝え，モニタールームに移動した。

　2 分間の撮影の後，実験者は実験室に戻った。実験者は，最初の食器セットを片づけて，新しい食器セット（お菓子や水は入っていない）を置いた後，母親に次の事を説明した。以下は，ふり条件の場合である。⒜ 今度はいつもの遊び時間にしているように，お子さんの前でおやつを食べるふりをしてもらいたいこと，⒝ もしお子さんがおやつを欲しがったら，あげるふりをしてよいこと，⒞ 実験者が戻ってくるまで，2 分間これを続けて欲しいこと。

　本当条件とふり条件での観察を終了した後，母子は実験者と共に待合室に戻った後，母親に本当の実験目的を説明した。

⑷　母親の行動の符号化

ビデオ中の母親の行動は，著者によって符号化された。信頼性を測るために，本研究の仮説を知らない第3者も20%のセッションを符号化した。

微笑：母親の微笑の定義は，両方の口角が後ろへ引かれて上がり，半円のカーブが描かれるものとした。そして，微笑の頻度と持続時間を算出した。微笑の持続時間はSigsaji2（荒川・鈴木，2004）を用いて測定され，持続時間の単位は1/4秒であった（他の行動の持続時間の測定についても同様）。微笑の頻度及び持続時間のコーダー間の一致率は89％（κ=.88）であった。さらに微笑は，指示対象でも分類された。母親自身の動作を指示対象とする微笑（母親自身の動作中または直後の，母親の微笑），子どもの動作を指示対象とする微笑（困惑以外の動作を子どもがしている最中または直後の，母親の微笑），その他を指示対象とする微笑の割合がそれぞれ算出された。コーダー間の一致率は90％（κ=.93）であった。

注視：母親の注視行動は，子ども，課題（食器，おやつ），その他のいずれに向けられたのかで分類された。ほとんどの母親は子どもと課題を交互に注視したので，それぞれを注視した頻度については扱わなかった。子どもへの注視と課題への注視の総注視時間を算出した。コーダー間の一致率は94％（κ=.87）であった。

発話：主のコーダーが全セッションの発話（オノマトペや非言語音も含む）を書き起こした。全ての書き起こされた発話は，MeCab-0.97（Kudo, 2008）を用いて形態素に区切られた。それから，発話はオノマトペか通常発話かに分類され，それぞれの総数が算出された。通常発話とは効果音以外の発話である。効果音にはオノマトペ（例：「アム」「ゴク」）と非言語音（例：口でペチャペチャと音を出す）を含んだ。発話および効果音のコーダー間の一致率は90％（κ=.93）であった。

おやつに関する動作：移す，食べる，注ぐ，飲む動作が符号化され，それらの頻度が計測された。移す動作とは，母親が金属性ボウルの中からカラー

ボウルへおやつ（もしくは想像の食物）を移動させる（もしくはそのふりをする）ことと定義した。食べるとは，母親が手をボウルから口元に移動させることとした（本当条件では食物を，ふり条件では想像の食物を持って）。注ぐとは，母親がピッチャーをカップの上で傾けることと定義した。飲むとは，母親がカップを口元に運ぶこととした。コーダー間の一致率は99%（$\kappa = .99$）であった。

⑸　子どもの行動の符号化

　Lillard & Witherington（2004）の方法に準じて，ふり条件における子どもの微笑とふり動作の頻度が，ふり理解の測度のために合計された。微笑の定義は，両方の口角が後ろへ引かれて上がり半円のカーブが描かれる，もしくは笑い声が上がるものとした。コーダー間の一致率は94%（$\kappa = .72$）であった。ふり動作としては，子どもの食べるふり，飲むふり，注ぐふり，乾杯するふり，こぼすふりが符号化され，その頻度が計測された（これらの行動の定義は母親のそれと同様）。一致率は98%（$\kappa = .91$）だった。ふり条件では，各微笑やふり動作に1点が与えられて，これらの2つの測度から得られた点の合計を，ふり理解得点とした。また，条件間での比較をするために，本当条件における子どもの微笑とふり動作の頻度も数えて合計した。

3.　結果

⑴　予備分析

　条件順（ふり条件はじめ群と，本当条件はじめ群）や，子どもの性別に分けて，今後の母親と子どもの行動に関する分析をするべきかどうかを調べるために，予備分析を行った。条件順×子どもの性別の一連の分散分析の結果は，母親や子どもの行動の測度に関して，条件順及び性別の有意な主効果を示さなかった。ゆえに，以後の分析では，この2つの要因を込みにして行った。全ての分析にはSPSS ver14.0を使用し，5%水準以下を統計的に有意と

した。

⑵ 本当条件とふり条件における母親の行動

　条件間での母親の行動を比較するために，対応のある t 検定を行い，効果量として Cohen の d を算出した（表 2-1）。

　微笑：母親の微笑の頻度は，本当条件よりふり条件で有意に多く，母親の微笑の総持続時間は，本当条件よりふり条件で有意に長かった。母親の微笑の多くは，母親自身の動作か，子ども動作のいずれかを指示対象としていた。本当条件において，子どもの動作を指示対象とする微笑の割合は，母親自身の動作を指示対象とする微笑の割合よりも有意に多かった（$t(30)=3.09$, $p<.01$, $d=1.01$）。ふり条件において，母親自身の動作を指示対象とする微笑の割合は，子どもの動作を指示対象とする微笑の割合より有意に多かった（$t(30)=3.77$, $p<.01$, $d=1.20$）。

　注視とおやつに関連する動作：母親の注視のほとんどは，子どもか課題（食器，おやつ）のどちらかに向けられた。母親が子どもを注視した時間は本当条件よりふり条件で長く，母親が課題を注視した時間はふり条件より本当条件で長かった。母親のおやつに関連した動作の頻度は，本当条件よりふり条件で有意に多かった。

　発話と効果音：母親の通常発話の形態素数は，本当条件とふり条件で差がなかったが，効果音は本当条件よりふり条件で有意に多かった。

⑶ 本当条件とふり条件における子どもの行動

　2 つの条件での子どもの行動の違いも，対応のある t 検定を用いて検討された（表 2-1）。子どもの微笑の頻度やふり動作の頻度は，本当条件よりふり条件で有意に多かった。また，ふり条件では，ふり動作の頻度は微笑の頻度と有意な正の相関があったが（$r=.44$, $p<.05$），本当条件ではこのような相関はなかった（$r=.19$, ns）。これらの結果は，ふり理解得点を算出するのに，子ど

表 2-1　実験 1 および Lillard & Witherington (2004) の本当条件とふり条件における母親と子どもの行動

| | 実験 1 | | | | | | Lillard & Witherington (2004) | | | | |
| | 本当条件 | | ふり条件 | | | | 本当条件 | | ふり条件 | | |
	M	SD	M	SD	t	d	M	SD	M	SD	t
母親											
微笑の頻度	6.06	3.86	10.42	5.09	$t(30)=5.55^{***}$	0.97	5.00	2.72	7.72	3.16	$t(35)=4.98^{**}$
微笑の総持続時間（秒）	14.06	11.84	36.30	26.07	$t(30)=5.51^{***}$	1.10	18.86	11.95	34.82	16.27	$t(35)=5.63^{**}$
母親の動作を参照する微笑（%）	25.77	0.28	63.36	0.35	$t(30)=6.54^{***}$	1.19	19	0.27	41	0.24	$t(33)=4.94^{**}$
子どもの動作を参照する微笑（%）	56.52	0.33	24.31	0.30	$t(30)=5.20^{***}$	1.02	76	0.27	52	0.25	記載なし
子どもへの総注視時間（秒）	83.13	12.97	90.61	13.74	$t(30)=2.99^{**}$	0.56	60.14	14.34	74.92	11.72	$t(18)=5.70^{**}$
課題への総注視時間（秒）	35.33	13.26	27.19	13.11	$t(30)=3.31^{**}$	0.62	54.14	14.21	36.82	11.22	$t(18)=6.59^{**}$
通常発話の数	85.06	45.93	89.55	43.18	$t(30)=0.91$	0.10	114.00	40.00	138.00	48.00	$t(35)=3.43^{**}$
効果音の数	3.97	5.59	43.18	39.95	$t(30)=6.01^{***}$	1.38	0.03	0.17	11.11	5.36	$t(35)=12.52^{**}$
おべべに関連する動作の頻度	11.97	5.66	20.39	9.11	$t(30)=6.29^{***}$	1.12	12.94	2.95	16.00	4.21	$t(35)=5.10^{**}$
子ども											
微笑の頻度	2.00	2.65	3.71	3.70	$t(30)=2.51^{*}$	0.53	記載なし				
ふり動作の頻度	0.19	0.60	4.58	4.48	$t(30)=5.58^{***}$	1.37	記載なし				
ふり理解得点	8.29	6.72					7.10	3.74			

$^*p < .01,\ ^{**}p < .01,\ ^{***}p < .001$

注：Lillard & Witherington (2004) のデータを表 2-1 に示すために、全ての平均値と SD と t 値を彼女らの論文中の文章から抜き出した。子どもしくは課題への総注視時間（実験 2）、子どものふり理解得点（実験 3）を除き、これらのデータは Lillard & Witherington (2004) のデータである。いくつかのデータは論文中に記載がなかったため「記載なし」と表記した。子どものふり理解得点は論文中に記載がなかったため Lillard & Witherington (2004) の実験 1 のものである。

第1節　母親のふりシグナルと子どものふりの理解（実験1）　31

もの微笑とふり動作の頻度を合計することの妥当性を示唆している。

⑷　本当条件とふり条件における母親の行動と子どもの行動との関連

　本当条件では，微笑の総注視時間を除いて，母親の行動の測度は子どもの微笑とふり動作の頻度の和と有意な相関がなかった（表 2-2）。ふり条件において，母親の微笑の頻度，微笑の総持続時間，子どもへの総注視時間，通常発話の数，効果音の数は，子どものふり理解得点と有意な正の相関があった。ふり条件における母親の課題に対する総注視時間は，子どものふり理解得点と有意な負の相関があった。ふり条件での母親のおやつに関連する動作の頻度は，子どものふり理解得点と有意な相関がなかった。

⑸　本実験と Lillard & Witherington（2004）の結果の比較

　アメリカの母親のデータと日本の母親のデータを比較するために，Lillard & Witherington の文章中の当該データを抜き出し，それを表 2-1 に載せた。通常発話数を除いて，本研究と Lillard & Witherington の研究は同様の条件差を示した（表 2-1 参照）。さらに，効果音を除き，本研究と Lillard & Witherington の実験 3 では，母親の行動と子どものふり理解得点の相関についても同様の結果を示した。本研究と Lillard & Witherington の通常発話と効果音の数の違いを調べるために，Lillard & Witherington の文章中に記載されていた統計値（平均値, SD およびサンプル数）を用いて，対応のない t 検定を行った。その結果，本当条件の通常発話数は，Lillard & Witherington より本研究で有意に少なかったが（$t(65)=2.76$, $p<.01$, $d=0.91$），ふり条件ではこのような差は見られなかった。本当条件（$t(30)=3.92$, $p<.01$, $d=0.68$）とふり条件（$t(30)=4.44$, $p<.01$, $d=1.17$）の両方で効果音の数はいずれも，Lillard & Witherington より本研究で有意に多かった。

32 第2章 ふり遊びにおける母親のふりシグナル

表2-2 本当条件とふり条件における母親の行動と子どもの行動に関するスピアマンの相関係数

		本当条件 微笑とふり動作の和	ふり条件 ふり理解得点	
母親	微笑の頻度	.27	.40	*
	微笑の総持続時間（秒）	.43 *	.49	**
	子どもへの総注視時間（s）	.24	.41	*
	課題への総注視時間（s）	-.20	-.36	*
	通常発話の数	.28	.46	**
	効果音の数	.17	.62	**
	おやつに関連する動作の頻度	-.08	-.14	

*$p < .05$, **$p < .01$

4. 考察

　実験1の結果は，日本の母親が，Liillard & Witherington（2004）におけるアメリカの母親とかなり類似した方法で，1歳半児の前でおやつを食べるふりをする時に行動を変化させたことを示した。すなわち日本の母親は，a）本当条件よりふり条件で頻繁に微笑し，その微笑は子どもの動作よりも自分自身に向けられており，b）本当条件よりふり条件で子どもを長い時間注視し，c）本当条件よりふり条件で効果音を頻繁に使い，d）本当条件よりふり条件でおやつに関連する動作を頻繁に行った。実験1の結果はまた，母親のふりの場面での行動のいくつか（微笑，注視，発話）は，子どものふりの理解と関連することを示した。Lillard & Witherington（2004）の研究結果と本実験の結果との類似性は，少なくとも日本とアメリカの母親はふりの場面で遊びらしく振舞うことで，子どもに「これは遊びだ」と伝えるという共通の役割を担っていることを示している。

　しかしながら，アメリカのデータと実験1ではいくつかの違いも見られた。その1つが通常発話に関してである。Lilllard の実験（Lillard, et al., 2007 の実験1と Lillard & Witherington, 2004 の実験1）では，母親は本当条件よりふり条

件で，通常発話を多く話したが，今回の研究においては母親の通常発話の数に条件間で差は見られなかった。しかしながら，Lillard らの実験のいくつか，例えば異なるシナリオを用いた Lillard et al. (2007) の実験 2 や，母親にモーションモニタという動作の軌道や時間を測る装置を付けた Lillard & Witherington (2004) の実験 2 では，本当条件よりふり条件で母親が通常発話をより多く話すという結果が再現されなかった。ゆえに，通常発話は，ふりの場面で母親が常に多く使用するものではないのかもしれない。

　第 2 に，今回の研究と Lillard のデータは，効果音に関する結果が異なっていた。本研究では，ふり条件で母親が使った効果音の数は子どものふり理解得点と有意な正の相関があった。しかしながら，Lillard et al. (2007) の実験 2 を除き，彼女らの他の実験 (Lillard et al., 2007, 実験 1; Lillard & Witherington, 2004, 実験 3) では，ふり条件での母親の効果音の数と，子どものふり理解には有意な相関は見られなかった。加えて，本当条件における通常発話の数は Lillard & Witherington (2004) に比べて本研究で少なかったのに対し，両方の条件で効果音の数は，Lillard & Witherington (2004) より本研究でかなり多かった。この違いは，文化による母親の発話スタイルの違いや，英語と日本語の違いに起因するものだろう。実際，Bornstein et al. (1992) は，乳児に対して日本の母親は，情緒的な発話（意味のない発話，挨拶，オノマトペ）をする傾向があるのに対し，アメリカの母親は情報的な発話（乳児や母親や環境について直接的な言及，疑問）をする傾向があることを示している。さらに先行研究は，日本の母親が対乳児発話の中で頻繁にオノマトペを使うことを示してきた (Fernald & Morikawa, 1993; Toda, Fogel & Kawai, 1990)。おそらく，ふりをシグナルするための母親の行動のいくつかは，文化や言語によって異なり，子どもは母親が文化に適切なシグナルを使った時に母親のふりをよく理解するのだろう。

第2節　母親のふりシグナルと後の子どものふりの理解（実験2）

1. 問題・目的

実験1で扱われた母親のふりシグナルが，子どもの後のふりの理解に長期的な影響をもたらすのかは明らかではない。多くの研究は，大人がふりのモデルを示すことは，トドラー期の子どものふりの頻度や複雑さを増加させることを示してきた（Fenson & Ramsay, 1981; Haight & Miller, 1993; Rakoczy, Tomasello, & Striano, 2005; Striano, Tomasello, & Rochat, 2001; Slade, 1987; Watson & Fischer, 1977）。しかしながら，Tamis-LeMonda & Bornstein（1994）の研究を除けば，トドラー期の子どものふりの表出や理解における，母親のふりの長期的な効果を調べた研究はほとんどない。Tamis-LeMonda & Bornstein（1994）は，母親のふりが，トドラー期の子どもの後のふり遊び行動に影響を与えないことを示した。しかし彼らは，母親がトドラーと一緒にふり遊びをした時間の量を調べただけであり，母親のふり遊びをした時間量よりその中でのどのような行動を行っていたのかの方が重要であるように見える。そのため，ふり遊びの中での母親の行動内容がより詳細に分析されるなら，ふり場面での母親の行動と，数か月後の子どものふりの理解には関連が見られるかもしれない。

ゆえに実験2では，18か月時点（Time 1）での母親のふり場面での行動が，ふり遊びがより盛んになる24か月時点（Time 2）での子どもふりの理解に促進的な効果をもたらすのかどうかを検討した。2歳児のふりの理解を調べるために，先行研究は一般的に，Harris & Kavanaugh（1993）が開発したテディベア課題を用いてきた（Bosco, Friedman, & Leslie, 2006; Walker-Andrews & Kahana-Kalman, 1999）。テディベア課題において子どもは，実験者の手にはめたテディベアのふり行為（例：想像のお茶を玩具のブタにかける）を理解す

ることを求められる。実験 2 では，18 か月時点でのふり場面での母親の行動が，母親以外の女性によって演じられるふりに関する，24 か月時点での子どもの理解と関連するかどうかを調べた。

2. 方法

(1) 参加児

　実験 1 の参加児のうち，2009 年 5 月 – 6 月中に 2 歳の誕生日を迎えた 24 名の子どもが 2 回目の実験への参加を依頼された。このうち，母親の職場復帰（2 人）や転居（1 人）により 3 名の参加児が実験に参加できなかった。さらに 1 名が実験手続き上のミスのために分析の対象外となった。最終的な参加児は，2 歳児 20 名（男児 10 名，女児 10 名，平均 24 か月 1 週，範囲 23 か月 4 週 –25 か月 4 週）であった。実験 2 は実験 1 の約 6 か月後に実施した。

(2) 実験場面

　実験者が回転イスに子どもと向かい合わせで座り，母親は子どものイスの後に置かれたイスに座った以外は，実験場面は実験 1 と同じであった。

(3) 手順と材料

　実験の前に，母子は待合室において実験者から実験の目的を説明された。自分と子どもが実験に参加することに同意した母親は，同意書にサインをした。それから，母子は実験者と共に実験室に移動した。子ども達は，セッションの間中，母親に付き添われていた。母親は，実験中に子どもに影響を与えないように言われた。各セッションの様子はビデオで撮影した。実験は，ウォームアップ段階と，テスト段階（テディベア課題）で構成されていた。

　ウォームアップ段階：ウォームアップでは，イヌのぬいぐるみ，子ども用のプラスチック製のボウルとコップを用いた。実験者は子どもと一緒に想像のおやつを食べるふりや想像のジュースを飲むふりをしたり，イヌのぬいぐ

るみに食べさせるふりをした（約2分間）。この間，実験者はできるだけ子ども
を見つめて微笑し，効果音を使うようにした。

　テディベア課題：子ども達はいたずらなクマ（実験者が操作しているハンド
パペット）と2匹のブタの登場する4つのエピソードを提示された。各エピ
ソードのはじめに，2匹のブタが子どもの前に置かれた。以下に，エピソー
ドAの教示を紹介する。実験者は微笑みながら「これはクマさんです。ク
マさんはイタズラをしようとしています。クマさんが何をするのか見ていて
ね」と言った。それから実験者は「ジャー」（約3秒）と言いながら，子ども
の右手前にあるブタのぬいぐるみの上で空のティーポットを傾けた後，子ど
もに微笑みかけた（約3秒）。それから，「大変！びしょぬれになったブタさ
んをきれいにして」と言って子どもに微笑みかけ（約3秒），タオルを手渡し
た。各エピソードのクマのふりの動作，想像物，ターゲット，クマのふりの
結果，掃除道具は表2-3に示す。4つのエピソードの提示順は参加児間でラ
ンダムにした。各エピソードでの，正答反応は掃除道具で正しいターゲット
を掃除することとした（得点範囲は0-4点）。

表2-3　各エピソードにおけるふり動作，想像物，ターゲット，結果，掃除道具

エピソード	ふりの動作	想像物	ターゲット	結果	掃除道具
A	注ぐ	お茶	ブタ（右）	濡れる／乾かす	ミニタオル
B	注ぐ	シリアル	机　（右）	汚れる／きれいにする	ブラシ
C	つける	歯磨き粉	ブタ（左）	濡れる／乾かす	ティッシュ
D	注ぐ	牛乳	机　（左）	汚れる／きれいにする	スポンジ

3. 結果

(1) 相関分析

　18か月時点（Time 1）でのふり場面での母親の行動と，24か月時点（Time
2）での子どものふり理解の相関を，スピアマンの順位相関法を用いて調べ

た（表2-4）。なお，Time 2 での子どものテディベア課題の平均得点は 1.65 点（*SD*=1.31）だった。Time 1 でのふり条件における母親の微笑の頻度及び総持続時間と効果音の数は，Time 2 での子どものテディベア課題での成績といずれも有意な正の相関があった。Time 1 での本当条件での母親の行動はいずれも，Time 2 での子どものテディベア課題の成績と有意な相関はなかった。

　Time 1 での子どものふり理解得点と，Time 2 でのテディベア課題の子どもの成績の相関を，スピアマンの順位相関法を用いて調べた。表 2-4 に示されるように，Time 1 でのふり条件の子どものふり理解得点は，Time 2 のテディベア課題の成績と有意な相関があった。しかしながら，Time 1 での本当条件での子どもの微笑とふり動作の頻度の和は，Time 2 でのテディベア課題の成績とは有意な相関がなかった。

表 2-4　Time 1 の測度と Time 2 の子どものふり理解のピアマンの順位相関係数

				Time 2（24 か月）テディ課題
Time 1（18 か月）	本当条件	母親	微笑の頻度	.38
			総微笑時間（秒）	.27
			子どもへの総注視時間（秒）	.24
			効果音の数	.34
			おやつに関連する動作の数	-.17
		子ども	微笑とふり動作の和	-.01
	ふり条件	母親	微笑の頻度	.62 **
			総微笑時間（秒）	.51 *
			子どもへの総注視時間（秒）	.33
			効果音の数	.61 **
			おやつに関連する動作の数	-.11
		子ども	ふり理解得点	.61 **

*$p < .05$, **$p < .01$

⑵ ステップワイズ回帰分析

18 か月（Time 1）時点でのふり場面での母親の行動が，24 か月（Time 2）時点での子どものふりの理解を予測するかどうかを調べるために，ステップワイズ回帰分析が用いられた。ここでは，Time 1 のふり条件での母親の行動（微笑の頻度，微笑の総持続時間，子どもへの総注視時間，効果音の数，おやつに関する動作の数）と子どものふり理解得点を予測変数，Time 2 でのテディベア課題での成績を従属変数として用いた。Time 1 におけるふり条件での母親の微笑の頻度（$\beta = 0.54, t = 3.23, p < .01$）と，効果音の数（$\beta = 0.37, t = 2.23, p < .05$）は，それぞれ Time 2 でのテディベア課題の子どもの成績を有意に予測した（$adjusted\ R^2 = .54, p < .01$）。

これらの縦断的な結果に関する別の解釈は，母親の子どもへの敏感性（Ainsworth, Blehar, Waters & Wall, 1978）が，テディベア課題での成功に表れるような，子どもの後の認知能力を促進したのではないかというものだ。これが正しければ，Time 1 での本当条件での母親の行動もまた，Time 2 での子どものテディベア課題の成績を予測するだろう。ゆえに，Time 1 での本当条件での母親の行動（微笑の頻度，微笑の総持続時間，子どもへの総注視時間，効果音の数，おやつに関する動作の数）と子どもの微笑とふり動作の頻度の和を予測変数，Time 2 でのテディベア課題での成績を従属変数とした，ステップワイズ回帰分析を行った。Time 1 における本当条件でのいかなる変数 Time 2 の子どものテディベア課題の成績を予測せず，母親の敏感性に関する解釈を棄却した。

4. 考察

母親が子どもとふり遊びをして過ごした時間に注目した Tamis-LeMonda & Bornstein（1994）とは異なり，実験 2 は早期のふり遊びの中での母親の行動の変化に着目した。実験 2 の結果は，早期のふり遊びにおける母親の微笑の頻度と効果音の数が，後の子どものふりの理解を促進しているように見え

ることを示した。ではなぜ，18か月時点でのふり場面での母親の行動は，24か月時点での子どものふりの理解と関連したのだろうか? 研究方法の生態学的妥当性に関する先行研究は，実験室と家庭で母子のふり遊びにほとんど差がないことを報告した（Bornstein, Haynes, Legler, O'Reilly, & Painter, 1997; McCune-Nicolich, & Fenson, 1984）。このことは，今回の研究の実験室でのふり場面において頻繁に行動を変えた母親は，家でも同じように振る舞っており，ふり遊びを通して子どものふりの理解を育てていた可能性を示唆している。おそらく子どもは，母親の日常的なふり遊びの観察から，微笑や効果音がふりをする人の行動の特徴だと学習したのだろう。その結果として，6か月後に微笑と効果音を使用して，見知らぬ女性によって演じられたふりを，子どもはよく理解することができたのかもしれない。

なぜ微笑と効果音が大人のふり行動の特徴となったのだろうか。可能な説明の1つは，"もっとも広く報告された遊びのシグナルは口をあけたプレイフェイスである"（Pellis & Pellis, 1997, p. 41）ため，微笑や笑いはふり遊びに限らず，遊び全般に共通するシグナルであるということである。また，効果音は外界の音を模倣することや，特定の行為や状況を参照することによってふりをする人の行動の意味を伝える機能を持ち，これが日本の母親によって頻繁に使われることが報告されている（Fernald & Morikawa, 1993; Toda et al., 1990）。ゆえに，日本の子どもは他者の行動をふりだと解釈するための効果的な手がかりとして，母親の微笑や効果音を使ったのかもしれない。このため，ふりと現実を区別するために微笑や効果音のようなシグナルを観察することができた本研究の日本人の子どもは，2歳の時点でも他者のふりをよく理解できたのだろう。

このように，実験1においては，日本の母親がアメリカの母親のように，ふりの場面で頻繁に微笑し効果音を使うなどして行動を変化させ，母親のこれらの行動は子どものふりの理解と関連していることを示した。続いて，実験2では，18か月の時点で母親が微笑と効果音を使ってふりの場面で行動

を変えた母親達の子ども達は，24か月の時点で優れたふりの理解を持つ傾向があることを示した。このように本研究は，Lillard & Witherington（2004）の研究を，文化を超えて縦断的に拡張した。

　日本とアメリカはいずれも工業化された社会であり多くの共通点を持っているが，この2つの文化における育児のスタイルにはいくつかの違いがあることも報告されてきた（Shwalb, Nakazawa, & Shwalb, 2005; Tamis-LeMonda et al., 1992）。Tomasello（1999）は，大人が子どもの活動を積極的にサポートする自然な傾向を持っていると述べ，さらにGaskins, Haight & Lancy（2006）は，ヨーロッパ系アメリカ人の親は，ふり遊びを子どもの認知，社会，情動の発達にとって重要な活動だと信じていることを示した。ふり遊びを価値ある活動として考えているコミュニティの親は，積極的に子どもの遊び相手をすることも示されている（Göncü, Mistry & Mosier, 2000）。それゆえ，日本の母親もまたふり遊びを子どもにとって重要な活動だと考えており，ふりの間に行動を変えることによってトドラーと一緒にふり遊びを楽しもうとしたのかもしれない。

　ふり場面での日本の母親の行動は多くの点で，アメリカの母親の行動と似ていたが，実験1は通常発話や効果音を含む母親の発話の使用に関する文化差を示した。とりわけ日本の母親は，Lillard & Witerington（2004）のアメリカの母親よりも，ふり場面でかなり頻繁にオノマトペを含む効果音を使用した。いくつかの研究もまた，親の発話スタイルが，異なる文化的環境で変わることを示してきた（Bornstein et al, 1992; Fernald & Morikawa, 1993）。例えば，Fernald & Morikawa（1993）は，家庭で遊んでいる間の1歳児への発話において，日本の母親はアメリカの母親よりも意味のない言葉やオノマトペを頻繁に使用することを報告した。前述のように，それぞれの文化に適切なふりのシグナルがあり，それを母親が使ったときに，子どもは母親のふりを良く理解できるのかもしれない。しかしながら，このような結論を導くには，今後の研究において，異文化に所属する母親がそれぞれ文化に適切なふ

りのシグナルとして，どのような行動を用いるのかに関する知見をさらに蓄積する必要があるだろう。

　このように第2章では，母親のふりシグナルが，子どもの現在の，そして後のふりの理解をも促すことを表した。母親のふりシグナルは，早期の子どものふりの理解を足場作りする，重要な環境からのインプットであると言えるだろう。

第2章の一部は下記にて公表された。

Nakamichi, N.（2015）. Maternal behavior modifications during pretense and their long-term effects on toddlers' understanding of pretense. *Journal of Cognition and Development, 16*, 541–558.

第3章　目的論的推論によるふりの理解

第1節　環境上の制約（本物の欠如）の推測（実験3）

1. 問題・目的

　実験1・2（第2章）は，ふりシグナルという環境からのインプットが，ふり遊びに参加しはじめる1歳半から2歳の子どものふりの理解を助けていることを示した。これらの研究の結果は，早期のふりの理解や表出が大人によって足場作りされているという主張（Rakoczy, 2008）を支持するものであった。ただし，子どもは単に大人から教えられ，助けられるだけの存在ではない。子どもはふりシグナルという情報を自発的に「処理」した結果，母親がふりをしていることを理解していたのだろう。なぜなら，多くの研究が，子どもは利用可能な環境からのインプットを自ら処理することによって，自身の認知を発達させる能動的な存在であることを示してきたからである（Gelman, 2009 のレビュー参照）。第1章で述べたように，本研究では，幼い子どもの場合は「目的論的推論」がこの「処理」に相当すると想定している。そこで，第3章の目的は，ふり遊びに参加しはじめる1歳半の子どもが目的論的推論を用いてふりを理解しているのかを調べることにある。

　ふり遊びに参加しはじめる幼い子どもが目的論的推論を用いて他者のふりを理解しているか否かを調べるためには，どのような手法が採用されるべきなのだろうか。前述のようにGergely と Csibra とその同僚達は，目的論的推論を用いて乳児が他者の目標指向行為を理解していることを立証するために，3つの実験を行った（図1-2再録）。

図1-2の (a) では (Csibra et al.,1999; Gergely et al., 1995)，乳児は知覚した目標状態と環境上の制約に合う「行為」を推論しなければならなかった。まず，乳児は小円が障害を跳び越すことによって，大円に近づき，接触した事象に馴化させられた。テスト段階では，障害が取り除かれ，2つの事象が提示された。乳児が小円の大円に接触するという目標を理解したとすれば，まっすぐに小円に近づく合理的な行為 (a-右) より，馴化事象と同様に跳んで小円に接近する非合理的な行為 (a-左) を驚いて長く見るはずである。乳児の注視行動がこの仮説と一致していたことは，乳児が目的論的推論を用いていることを支持した。

図1-2の (b) では (Csibra et al., 2003)，乳児は不完全な行為を合理化するための目標（小円をつかまえる）を推論しなければならなかった。馴化事象において，大円は小円に近づきつつあったが，画面左の2つの障害の間の小さ

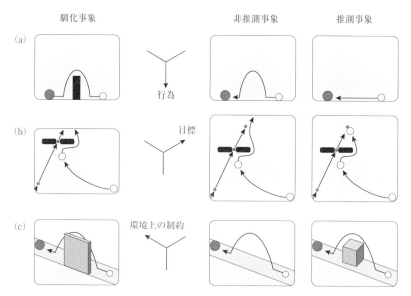

図1-2 乳児の目標指向行為の理解で用いられた刺激（再録）
(Gergely & Csibra, 2003)

い隙間を通ることができず，障害を迂回した。その後，推測された目標と一致する追跡行為（b-右：大円が小円に追いつく），もう1つは推測された目標と一致しない行為（b-左：大円が小円を隣を通り過ぎて行ってしまう）のどちらかを提示された。乳児が非推測事象を，推測事象よりも長く注視したという結果は，彼らが目的論的推論を用いた証拠となった。

　最後に図1-2の（c）では（Csibra et al., 2003），乳児は目標（大円に接触する）を達成するための効率的な手段としての，小円の行為（ジャンプ）を合理化するための，スクリーンによって遮られた視界の背後にある環境上の制約を推測しなければならなかった。2つのテスト事象として，スクリーンが上げられた後で障害物があるためにジャンプしている映像（推測事象）と，障害がないのにジャンプしている映像（非推測事象）が示された。乳児が非推測事象を長く注視したことは，目標に対する効率的な手段としてのジャンプアプローチを正当化するために障害物の存在を推論したことを示す。

　実験3では，まず図1-2の（c）と類似の方法を用いて，他者のふりの理解における子どもの「環境上の制約」の推測について検討する。すなわち，他者が遊ぶために（目標），ふりシグナルを出しながら食べているかのように行為して（as if 行為＋ふりシグナル）のなら，そこに食物がないはずだ（環境上の制約）と子どもが推測するかどうかを検討する。もし，子どもがこのように推測する場合，手元の衝立が取り除かれた後，「食物がない」事象（推測事象）よりも，「食物がある」事象（非推測事象）を驚いて長い時間注視するだろう。

　一方，目標が「空腹を満たす」ことにある場合（本当条件），他者が空腹を満たすために食べていて（行為），そこに食物があるはずだ（環境上の制約）と子どもは推測するかもしれない。もし，子どもがこのような推測をする場合，ふり条件とは反対に本当条件では，子どもは「食物がある事象」（推測事象）より，「食物がない事象」（非推測事象）を驚いて長い時間注視するだろう。このように，ふり条件と本当条件における役者（他者）の行為は見た目

上はかなり類似しているものの，子どもが実際に目的論的推論を用いて他者の行為を理解しているならば，それぞれの事象に対する注視時間のパターンが異なるはずである。

　もし，1歳半の子どもが既に心理主義的な理解を持っているとすれば，実験3の結果はどのようになるのだろうか。ふり条件では，役者が「まるで食べているかのようにしたい」（欲求）と思っていて，食べているかのような動作をしている（意図）場合，子どもは役者が食物に関する知識や信念を持っているはずだと推測するだろう。ただし，これはあくまで知識や信念なので，役者の手元に食物がある必要はない。すなわち，心理主義的推論を用いて1歳半の子どもがふりを理解していたのだとすれば，ふり条件における2つの事象（食物がある vs. 食物がない）の注視時間は同程度になるはずである。

　一方，本当条件では，役者が「食物を食べたい」（欲求）ために，食べている（意図）場合，そこに食物が実際に存在し，それについての知識や信念を持っていると推測するだろう。なぜなら，役者が空腹を満たすという欲求を満たしたい場合，その場に食物がなかったら，食物を探すこと（意図）が合理的となるからである。すなわち，1歳半児が心理主義的推論を用いているならば，本当条件においては，「食物がある」映像より「食物がない」映像の注視時間の方が長くなるはずである。

　要約すると，1歳半児が目的論的推論を用いているなら，ふり条件では「食物がない」事象（推測事象）より「食物がある」事象（非推測事象）で，本当条件では「食物がある」事象（推測事象）より「食物がない」事象（非推測事象）で注視時間が長くなるだろう。一方，1歳半児が心理主義的推論を用いているならば，ふり条件では両事象で注視時間に差はなく，本当条件では「食物がある」事象より「食物がない」事象で注視時間が長くなるだろう。

　なお，本研究では馴化試行のない期待違反法（the violation of expectation method）を用いた。注視法を用いた乳児研究の先駆者である Baillargeon

(2004) は，提示された事象が馴染みのある行為であり，また短い事象系列である場合は，テスト試行のみの期待違反法で乳児の認知や理解を正しく測ることができると論じ，この主張の正しさを実験的研究によって確認している（Wang, Baillargeon, & Brueckner, 2004）。本研究で用いるのは，食べるという子どもにとって馴染みのある行為であり，またこの単純な行為を数回繰り返して提示するという短い事象系列であるため，Baillargeon（2004）の言うテスト試行のみの期待違反法を利用できる条件に当てはまる。馴化試行を省くことは，実験者と参加児の双方の負担を減らすことにもなるため，ここでは馴化試行のない期待違反法を用いた。

2. 方法

(1) 参加児

1歳半児35名が実験に参加した（男児14名，女児21名，平均18か月1週（560日），範囲501-608日）。参加児の母親は，千葉市内の保育関連施設に掲示されたポスターを見て自発的に実験への参加を申し込んだ。この他に5人の子どもが実験に参加したが，気分が乗らない（3人），じっとしていられない（1人），実験手続き上のミス（1人）のために対象外となった。35名のうち，22名がふり条件，13人が本当条件にランダムに割り振られた。さらに，各条件の子どもの半数は推測事象群に，残りの半数は非推測事象群に割り当てられた。内訳は以下の通りである。ふり条件における推測事象群が11名（平均549日），非推測事象群が11名（平均564日）。本当条件における推測事象群が6名（平均565日），非推測事象群が7名（平均565日）。ふり条件（$t(20)=1.39, ns$）及び本当条件（$t(8.85)=0.01, ns$）において，推測事象群と非推測事象群で有意な出生日数の差はなかった。

(2) 装置

参加児は高さ180cm×幅180cm×奥行き150cmのダンボール製の展示

ブース（図3-1）内で実験を受けた。展示ブースの内側は全て黒の模造紙で覆われた。参加児は，床から70cm上に開けられた展示ブース上の穴に埋め込まれた画面（縦23cm×横30.5cm）を見た。画面は刺激映像を制御するためのノートパソコンとつながっていた。画面の正面に回転イスがあり，この回転イスの上に母親が子どもを膝の上に乗せて座った。参加児の目線が画面の中央の高さに，参加児の顔が画面から約50cm離れたところになるように，イスの高さや位置を調整した。装置の中には2台のカメラがあり，1台は子どもの顔（カメラ1），もう一台は刺激映像と子どもの横顔（カメラ2）を撮影した。カメラ2は子どもの左後方に置かれ，カメラ1は画面の斜め上に展示ブースに埋め込まれて置かれた。2台のカメラの映像は画面分割機を通して1台のハードディスクビデオデッキ（HDV）に記録された。そのため，左側には子どもの顔，右側には刺激映像が同期して映っている分割映像が得られた。

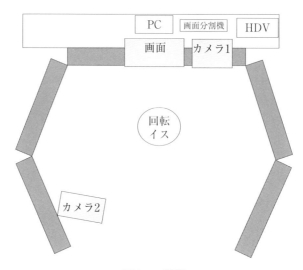

図 3-1 装置

(3) 手順

実験の前に，母子は待合室に連れられ，実験に関する説明を受けた。この際，子どもに映像を見せている間は，母親は目を閉じて，話をせず，動かないようにと説明した。母親がこれらの説明に同意した場合，同意書にサインをした。その後，母子と実験者は隣接する実験室に移動し，母親は子どもを膝の上に乗せて装置内の回転イスに座った。実験者はイスの位置と高さを調節した後，装置の裏側に移動し，録画を開始すると共に刺激映像を再生した。映像の提示が終了した後，母子は実験者と共に待合室に戻った。

(4) 刺激映像

参加児に見せた刺激は，3つの段階で構成されていた。1段階目は，子どもを画面に注目させ，母親に実験中の注意点を再度知らせるためのものであった。画面の中央に黄色の太陽のイラストが映し出された状態で，母親に対して「それでは，はじめます。お子さんを画面の絵に注目させて下さい」とアナウンスした。子どもが画面を見たら，画面上の太陽をビープ音と伴に3回点滅させた。その後，母親に対して「お母さんは目を閉じて下さい」とアナウンスした。

第2段階は，18秒間のプレ映像である（図3-2）。画面中央の机の前に座った役者（女性）の胸から上が映されており，役者の手元は青の遮蔽物で隠されていた。ふり条件では（図3-2の上段），役者は手元が隠された状態で，正面を見た状態で微笑み（2秒），歌うような抑揚をつけて「アーン，パク」と言いながら手を口元に運び（2秒），「モグモグモグモグモグ」と言いながら手を口元に置いたままで口を動かし（3秒），手を下ろし正面を向いて微笑んだ（2秒）。この一連の系列を2回繰り返した。なお，実験1・2の結果を踏まえて，ふり条件におけるふりシグナルとして微笑，注視，効果音を用いた。本当条件では（図3-2の下段），同様に役者は手元が隠された状態で，真顔で正面を見つめ（2秒），無言のまま小さなおやつ（チョコレートフレーク）をつ

50 第3章 目的論的推論によるふりの理解

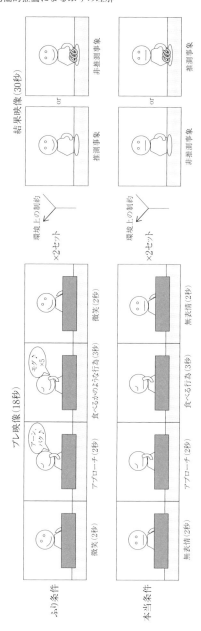

図 3-2 刺激映像

まんで口元に運び（2秒），音を立てながら食べ（3秒），手を下ろし真顔で正面を見つめた（2秒）。ふり条件と同様に，この一連の系列を2回繰り返した。本当条件では，役者は一貫して真顔で行った。すなわち，ふり条件と本当条件においては，ふりシグナルがあるか否か，実際におやつを食べているか否かを除き，提示された事象の系列の内容，流れ，持続時間は同じになるように統制した。同一の条件内で用いられたプレ映像は，推測事象群と非推測事象群で同じであった。

　第3段階は，結果映像である。結果映像はプレ映像に連続して提示され，遮蔽物の移動に2秒，手元の皿が完全に見えた状態での静止映像が28秒の計30秒間あった。各条件に割り当てられた子どもは，推測事象か非推測事象のどちらかを見た（図3-2の右）。ふり条件における推測事象は手元の皿の上に「食物がない」映像，非推測事象は皿の上に「食物がある」映像であった。反対に，本当条件における推測事象は「食物がある」映像，非推測事象は「食物がない」映像であった。

(5)　符号化

　期待違反法を用い，同一条件（ふり条件，本当条件）内で，推測事象群の子どもの注視時間と，非推測事象群の子どもの注視時間を参加児間で比較した。ビデオの中の子どもの注視行動は，コーダーによって符号化された。18秒間のプレ映像と，30秒間の結果映像に対する注視時間は，Sigsaji2（荒川・鈴木，2004）を用いてそれぞれ計測された。刺激映像を注視しているか否かの符号化は1/4秒単位で行われた。なお，プレ映像中の注視時間は，参加児が結果に至るまでの過程を見ていたことを保証するために計測した。また，結果映像に関しては，以下の場合に注視時間の計測を終了した。(1) 少なくとも累積1秒を見た後に，連続1秒よそ見したとき，(2) 連続1秒よそ見をしないで累積30秒見た場合である。

52 第3章 目的論的推論によるふりの理解

3. 結果

⑴ プレ映像

　ふり条件と本当条件における，推測事象群と非推測事象群のプレ映像の注視時間を表3-1に示す。いずれの群においても，18秒間のプレ映像を16秒以上注視していた。t検定の結果，ふり条件（$t(20)=0.85, ns, d=0.37$）と本当条件（$t(11)=0.21, ns, d=0.01$）のいずれにおいても，プレ映像の注視時間に推測事象群と非推測事象群で有意な差はなかった。

⑵ 結果映像

　ふり条件と本当条件における，推測事象群と非推測事象群の結果映像の注視時間を表3-1に示す。t検定の結果，ふり条件において推測事象群よりも非推測事象群で結果映像の注視時間が有意に長かった（$t(20)=2.20, p<.05, d=0.94$）。本当条件においては，推測事象群よりも非推測事象群で結果映像の注視時間は長かったが，その差は統計的には有意ではなかった（$t(11)=1.37, ns, d=0.75$）。

4. 考察

　第3章の目的は，1歳半児による目的論的推論を用いたふりの理解を調べることにあった。特に，実験3では，目的論的推論による1歳半児の「環境上の制約」の推測について検討した。役者の目標が「遊ぶ」である場合（ふり条件），この目標を達成する効率的な役者の行為（食べているかのような行為とふりシグナル）を合理化するための，環境上の制約（食物がない）を子どもが推測するか否かを期待違反法で検討した。もし，子どもがこのような推測をした場合，ふり条件では「食物がない」映像（推測事象）よりも，「食物がある」映像（非推測事象）を長い時間注視するだろう。一方，目標が「空腹を満たす」である場合（本当条件），この目標を達成する効率的な役者の行為

第 1 節　環境上の制約（本物の欠如）の推測（実験 3）　53

表 3-1　条件別，事象群別の子どもの注視時間

		プレ映像（18 秒）		結果映像（30 秒）	
		注視時間（秒）	(SD)	注視時間（秒）	(SD)
ふり条件 (n=22)	推測事象群（食物なし）	17.00	(0.94)	14.59	(7.36)
	非推測事象群（食物あり）	17.32	(0.81)	21.00	(6.24)
本当条件 (n=13)	推測事象群（食物あり）	16.67	(1.71)	12.04	(9.28)
	非推測事象群（食物なし）	16.86	(1.52)	18.18	(6.85)

（食べる）を合理化するための，環境上の制約（食物がある）を推測するかどうかを検討した。もし，子どもがこのような推測をした場合，本当条件では「食物がある」映像（推測事象）よりも，「食物がない」映像（非推測事象）を長い時間注視するだろう。

　第 1 に，プレ映像の結果について整理する。全ての群において 18 秒間のプレ映像の平均注視時間は 16 秒以上であった。このことは，参加児が結果に至るまでの過程を十分に見ていることを保証している。また，ふり条件と本当条件のいずれにおいても，プレ映像の注視時間に推測事象群と非推測事象群で有意な差はなかったことは，両条件内の 2 つの群に任意に分けられた子どもたちの集中力に差がないことを表している。

　第 2 に，結果映像の注視時間の結果について考察する。ふり条件では推測事象（食物がない）を見た子どもの群よりも，非推測事象（食物がある）を見た子どもの群で，結果映像の注視時間が有意に長かった。本当条件においては，統計的には有意ではなかったものの，推測事象（食物がある）を見た子どもの群よりも，非推測事象（食物がない）を見た子どもの群で結果映像の注視時間は長かった。すなわち，これらの結果のパターンは，1 歳半児が目的論的推論を用いていることを支持するものであった。しかしながら，本当

54 第3章 目的論的推論によるふりの理解

条件では，子どもの注視時間に統計的に有意な差が見られなかったことは，子どもが映像を異なって解釈していた可能性を示唆している。例えば，本当条件において非推測事象（食物がない）を提示された子どもの数人は，役者は食物を食べ終わってしまったのだと解釈したのかもしれない。今後，この対立解釈を検討する実験を実施する必要がある。

第2節　目標の推測（実験4）

1. 問題・目的

　実験4では，1歳半児を対象に，目的論的推論を用いた他者の目標の推測について検討した。すなわち，1歳半児が，他者の不完全な行為を合理化するための，他者の目標を推論するかどうかを調べた。例えば，役者（他者）が空のピッチャー（環境上の制約）から，ふりシグナルを送りながら空のコップに注ぐかのような行為（行為）をしている場面を考えてみよう（ふり条件）。このような場合，子どもは役者の目標が「喉の渇きを癒す」ではなく，「遊ぶ」であると推測するだろうか。もし，子どもがこのような推測を持つならば，後に役者が推測された目標と一致する「ジュースを飲むかのようにする行為」（推測事象）を見る場合より，推測された目標に一致しない「実際にジュースを飲む行為」（非推測事象）を見る場合に，子どもは驚いて注視時間が長くなるだろう。

　一方，役者がジュースの入ったピッチャー（環境上の制約）から，真面目な様子で空のコップにジュースを注いでいる（行為）場面を考えてみよう（本当条件）。このような場合，子どもは役者の目標が「喉の渇きを癒す」ことにあると推測するだろうか。もしそうなら，子どもは後に役者が推測された目標と一致する「実際にジュースを飲む行為」（推測事象）を見る場合より，推測された目標に一致しない「ジュースを飲むかのようにする行為」

（非推測事象）を見る場合に，驚いて注視時間が長くなるだろう。

　同じ目標の推測の課題であっても，Csibra et al.（2003）の刺激映像と実験4の刺激映像では，不完全な行為の意味が異なる。Csibra et al.（2003）では，何かをやりかけている途中で失敗する（大円が小円を追いかけようとする途中で障壁に阻まれてしまう）という意味での不完全な行為である。この場合，不完全な行為を合理化するためには，途中で失敗した行為が成功（目標達成）されなければならない。一方，本実験4では，ふりそのものが本来不完全な行為であるため，不完全な行為を合理化するためには，役者の行為は不完全なままで一貫性を保ち続けられなくてはならない。すなわち，役者が空のピッチャーから，空のコップに注ぐかのような行為をしていれば，その後も一貫して飲むふりが行われるはずである。

　では，子どもが既に心理主義的推論を用いて役者のふりを理解している場合は，どのような結果が得られるのだろうか。実験4の場合，結果的には子どもの注視時間のパターンは，目的論的推論を用いてふりを理解していた場合と同様になるだろう。ふり条件では，役者が空のピッチャーの中に想像上のジュースを思い浮かべ（信念・知識），ふりシグナルを送りながら空のコップに想像上のジュースを注ぐかのような行為（意図）をしている場面をみせられる。しかも，机の反対側には予めジュースの入ったコップが置いてある。このような場合，あえて役者がそのような行為をしているのは，役者は「飲むかのようにしたいのだ（欲求）」と子どもは推測するだろう。この場合，役者が推測された欲求と一致する「ジュースを飲むかのようにする行為」を見る場合より，推測された欲求に一致しない「実際にジュースを飲む行為」を見る場合に，子どもは驚いて注視時間が長くなるだろう。

　一方，本当条件では，役者がジュースの入ったピッチャー（信念・知識）から，真面目な様子で空のコップにジュースを注いでいる（行為）場合，子どもは役者がジュースを飲みたい（欲求）のだと推測するだろう。この場合，役者が推測された欲求と一致する「実際にジュースを飲む行為」を見る

56 第3章 目的論的推論によるふりの理解

場合より，推測された欲求に一致しない「ジュースを飲むかのようにする行
為」を見る場合に，子どもは驚いて注視時間が長くなるだろう。これらの一
致は，より単純で発達の初期に利用される目的論的推論を用いていても，子
どものパフォーマンスはより高度な推論（心理主義的推論）を用いた場合と見
た目上は変わらないことを示唆している。

2. 方法

(1) 参加児

　1歳半児36人が実験に参加した（男児16名，女児20名，平均18か月1週（559
日），範囲501-608日）。この他に3人の子どもが，気分が乗らない（2人），実
験手続き上のミス（1人）のために対象外となった。36名のうち，22名がふ
り条件，14人が統制条件にランダムに割り振られた。さらに，各条件の子
どもの半数は推測事象群に，残りの半数は非推測事象群に割り当てられた。
その内訳はそれぞれ，以下の通りである。ふり条件における推測事象群が
11名（平均559日），非推測事象群が11名（平均555日）。本当条件における
非推測事象群が7名（平均557日），推測事象が7名（平均565日）。ふり条件（t
(20)=0.38, ns）と本当条件（$t(12)=0.45$, ns）のいずれにおいても，群間に有意
な出生年齢の差はなかった。

(2) 装置・手順・符号化

　いずれも実験3と同様である。

(3) 刺激映像

　刺激映像の第1段階は，実験1と同様である。第2段階は，16秒間のプ
レ映像である（図3-3）。画面中央の机の前に座った役者（女性）の胸から上
が映されており，役者の前には，1つの透明なピッチャーと2つの透明なコッ
プが置かれていた。ふり条件では，ピッチャーは空であり，子どもから見て

第 2 節 目標の推測（実験 4） 57

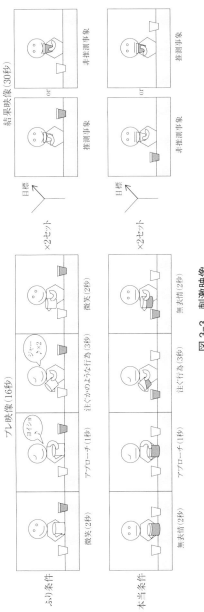

図 3-3 刺激映像

58 第3章 目的論的推論によるふりの理解

左側のコップは空，右側のコップにはオレンジジュースが入っていた。ふり条件において（図3-3の上段），役者は正面を見た状態で微笑み（2秒），歌うような抑揚をつけて「ヨイショ」と言いながらピッチャーを持ち上げ（1秒），「ジャー」と言いながら左側の空のコップの上で空のピッチャーを2回傾け（3秒），手を下ろし正面を向いて微笑んだ（2秒）。その際，役者はふりシグナル（微笑，注視，効果音）を発した。この一連の系列を2回繰り返した。本当条件では（図3-3の下段），役者は真顔で正面を見つめ（2秒），無言のままピッチャーを持ち上げ（1秒），音を立てながらジュースを注ぎ（3秒），手を下ろし真顔で正面を見つめた（2秒）。ふり条件と同様に，この一連の系列を2回繰り返した。本当条件では，役者は一貫して真顔で行った。すなわち，ふり条件と本当条件においては，ふりシグナルがあるか否か，実際におやつを食べているか否かを除き，提示された事象の系列の内容，流れ，持続時間は同じであるように統制した。同一の条件内で用いられたプレ映像は，推測事象群と非推測事象群で同じであった。

　第3段階は，結果映像である。結果映像はプレ映像に連続して提示され，役者がいずれかのコップを口元に運ぶまでに2秒，コップを口元に置いたままの状態での静止映像が28秒の計30秒間あった。各条件に割り当てられた子どもは，推測事象か非推測事象のどちらかを見た（図3-3の右）。ふり条件での推測事象は空のコップから「飲むかのようにする」映像，非推測事象はジュースが入ったコップから実際にジュースを「飲む」映像である。本当条件での推測事象はジュースの入ったコップからジュースを「飲む」映像，非推測事象は空のコップから「飲むかのようにする」映像である。

3. 結果

⑴ プレ映像

　ふり条件と本当条件における，推測事象群と非推測事象群のプレ映像の注視時間を表3-2に示す。いずれの群においても，16秒間のプレ映像を15秒

表 3-2 条件別，事象群別の子どもの注視時間

		プレ映像（16秒）		結果映像（30秒）	
		注視時間（秒）	(SD)	注視時間（秒）	(SD)
ふり条件 (n=22)	推測事象群（飲むかのような）	15.59	(0.45)	15.89	(8.15)
	非推測事象群（飲む）	15.00	(1.69)	22.61	(7.29)
本当条件 (n=14)	推測事象群（飲む）	15.71	(0.09)	13.61	(2.69)
	非推測事象群（飲むかのような）	15.57	(0.37)	18.25	(6.31)

以上注視しており，この結果は分析の対象となった参加児が結果に至るまでの過程を十分に見ていたことを示している。t検定の結果，ふり条件（$t(20)$=1.12, ns, d=0.48）と本当条件（$t(6.76)$=0.98, ns, d=0.52）において，プレ映像の注視時間に推測事象群と非推測事象群でそれぞれ有意な差はなかった。

(2) 結果映像

　ふり条件と本当条件における，推測事象群と非推測事象群の結果映像の注視時間を表3-2に示す。t検定の結果，ふり条件において推測事象群よりも非推測事象群で結果映像の注視時間が有意に長い傾向があった（$t(20)$=2.04, p<.10, d=0.87）。本当条件においては，推測事象群よりも非推測事象群で結果映像の注視時間が有意に長い傾向があった（$t(12)$=1.79, p<.10, d=0.96）。

4. 考察

　実験4では，1歳半の子どもを対象に，目的論的推論を用いたふりにおける他者の目標の推測について検討した。すなわち，1歳半児は不完全な行為を合理化するための目標を推論しなければならなかった。ふり条件において，役者が空のピッチャー（環境上の制約）から，ふりシグナルを送りなが

ら空のコップに注ぐかのような行為（行為）をしている場合，子どもは役者の目標が「遊ぶ」であると推測するならば，後に役者が推測された目標と一致する「ジュースを飲むかのようにする行為（推測事象）」を見る場合より，推測された目標に一致しない「実際にジュースを飲む行為（非推測事象）」を見る場合に，驚いて注視時間が長くなるだろうと予想された。

　一方，本当条件において，役者がジュースの入ったピッチャー（環境上の制約）から，真面目な様子で空のコップにジュースを注いでいる（行為）場合，子どもは役者の目標が「喉の渇きを癒す」ことにあると推測し，後に役者が推測された目標と一致する「実際にジュースを飲む行為（推測事象）」を見る場合より，推測された目標に一致しない「ジュースを飲むかのようにする行為（非推測事象）」を見る場合に，驚いて注視時間が長くなるだろうと予想された。これらの予想と一致する結果が得られるかどうかを検証するために，実験 3 と同様に馴化試行のない期待違反パラダイムを用いて，子どもの注視時間を測定した。

　まず，プレ映像の結果について整理する。全ての群において 16 秒間のプレ映像の平均注視時間は 15 秒以上であったことは，参加児が結果に至るまでの過程を十分に見ていることを保証している。また，ふり条件と本当条件のいずれにおいても，プレ映像の注視時間に推測事象群と非推測事象群で有意な差はなかったことは，両条件内の 2 つの群に任意に分けられた子どもたちの集中力に差がないことを表している。

　結果映像の注視時間に関して，ふり条件では推測事象（飲むかのようにする）を見た子どもの群よりも，非推測事象（飲む）を見た子どもの群で，結果映像の注視時間が有意に長い傾向があった。本当条件においては，推測事象（飲む）を見た子どもの群よりも，非推測事象（飲むかのようにする）を見た子どもの群で結果映像の注視時間は有意に長い傾向があった。

　問題・目的で述べたように，実験 4 の結果のみでは，1 歳半児が目的論的推論を用いてふりを理解しているとも，また心理主義的推論を用いてふりを

理解しているともいずれの解釈も可能である。しかしながら，子どもがいずれの推論を用いたとしても，同様のパフォーマンスになることは，課題作成上の不備というよりもむしろ，発達の初期に利用される単純な推論の効率の良さを表すものであるのかもしれない。また，実験4では，1歳半児は単に「動作主は，注いだグラスから飲む（もしくは注ぐふりをしたグラスから飲むふりをする）はずである」という予測に反するかどうかを判断していただけかもしれないという対立解釈を棄却できなかった。今後の研究では，これらの点について検証を重ねる必要がある。

第4章　心理主義的推論によるふりの理解

第1節　ふりの知識状態の理解（実験5）

1. 問題・目的

　これまでの章では，1歳半から2歳の子どもの目的論的推論によるふりの理解を検討してきた。第4章では，3歳から6歳の幼児を対象に，心理主義的推論によるふりの理解を検討する。ふりをするときの心的状態について，幼児がいつから，どのように理解しているのかを明らかにすることが第4章の目的である。

　ふりの心的状態の理解に関する先駆的研究において，Lillard（1993b）は幼児に遠くのトロールの国から来た人形のモーを紹介した。Lillard（1993b）は，幼児に「モーはウサギを知らないし，ウサギについて聞いたことも見たこともない。けれども，モーはウサギのように飛び跳ねている」のだと説明し，モーが飛び跳ねる様子を見せた。それから，「モーはウサギのふりをしているのかな？」と幼児に尋ねた。すると，4，5歳児はモーがウサギのふりをしていると誤った判断をすることが多かった。この研究を含めた一連の結果から（Lillard, 1993b, 1996, 1998），Lillard（2002）は6歳以下の幼児はふりを単にas if 行為をすることである捉えており，ふりの心的状態（欲求，意図，信念・知識）を理解していないのだと結論づけた。一方，他のいくつかの先行研究は，4歳頃から幼児はふりの心的状態を理解していることを示している（Aronson & Golomb, 1999; Bruell & Wolley, 1998; Custer, 1996; Davis et al., 2002; Joseph, 1998; Mitchell & Neal, 2005）。

64   第4章　心理主義的推論によるふりの理解

　前述のように，このように異なる結果が得られた理由の1つは，Lillard
のパラダイムにおいて，「ウサギのことを知らないけれども，ウサギのよう
に飛び跳ねている」(Lillard, 1993b) という不自然な教示が用いられていたこ
とにあると考えられてきた。さらに，子どもの前でモーを飛び跳ねて見せる
ことによってas if 行為を強調することが，幼児のふりの心的状態の理解を
揺るがしている可能性も指摘されている (Ganea et al., 2004)。そのため，こ
れらの点を考慮した課題を作成する必要がある。なお，Lillard のパラダイ
ムでは，動作主（他者）の as if 行為と心的状態の葛藤状態を作り出すこと
で，幼児がどちらの要素に基づいてふりを判断しているのかを調べようと試
みた結果として，不自然な教示が用いられた。同時に Lillard のパラダイム
には，子どもにとって馴染みのあるウサギを他者は知らないという，自己の
心的状態と他者の心的状態の葛藤状態も含まれていた。

　自己と他者の心的状態の葛藤状態のみを課題に組み込むことで，不自然な
教示をなくす課題を考案したのは，Gottfried et al. (2003) である。Gottfried
et al. (2003, 実験3) は，3-5 歳児自身にとって既知の対象（例：ウサギ）と未
知の対象（例：credenza。イタリア語で食器棚のこと。対象児は英語圏の子どもで
あったため，馴染みのない言葉である。）に関する他者の知識状態（知識の有無）
を説明した後，他者がそれらのふりができるかを尋ねた。例えば，「これは
ミグルです。彼はウサギを知りません。ミグルはウサギのふりをすることが
できるかな？」などと尋ねた。この結果，3-5 歳児は，credenza を知って
いるシモンがcredenza のふりをできると主張する一方，ウサギを知らない
ミグルでさえ，ウサギのふりをすることができると判断する傾向があった。
すなわち，3-5 歳児は自分にとって未知の対象でも，それを知っている他者
ならそのふりができることを理解しているが，その反対の状況（自分にとっ
て既知の対象でも，それを知らない他者はそのふりができないこと）を理解できに
くいようであった。

　Gottfried et al. (2003, 実験3) の研究では，これらの理解の発達的変化を

検討しておらず，3-5歳児をまとめて分析していた。第1章で論じたように，1）ふりの心的状態の理解（心理主義的推論への移行）は，4歳頃から次第に獲得される可能性が高いことや，2）目的論的推論から心理主義的推論への移行が緩やかに行われる可能性を踏まえると，4歳前後での発達的変化を見る必要がある。Wellman et al.（2001）のメタ分析によれば，心の理論を測る誤信念課題の通過率は3歳3か月児で約50%，5歳8か月児で80%である。もし，誤信念の理解とふりの心的状態の理解が同時期になされるとすれば，3-4歳児群と5-6歳児群のふりの理解課題の遂行に違いが見られ，その遂行の違いから心理主義的推論によるふりの理解への移行の様子を伺い知ることができるだろう。

　第4章では，ふりの心的状態の理解の中でも，ふりの「知識」についての幼児の理解に焦点化して検討を行った。ふりをするときの知識には主に2つの側面があり，1つはふりをする対象を知っているか否か（知識状態）であり，もう1つはどのような知識であるか（知識内容）である。そこで第4章では，ふりにおける他者の知識状態と知識内容の2つの側面から，ふりの知識についての幼児の理解の発達的変化を検討した。まず，実験5では，ふりの知識状態の理解を検討した。すなわち，動作主がイヌを知っていればそのふりをすることができるが，イヌを知らなければふりをすることはできないことの理解である。次に，実験6では，ふりの知識内容の理解を検討した。すなわち，ライオンが四つんばいで歩く動物であるという知識を動作主が持っているために，ライオンのふりとして四つんばいの姿勢をとることの理解を検討した。さらに，実験5, 6では，ふりにおける「自己」の知識状態の理解もまた調べた。Gottfried et al.（2003, 実験2）は，「自分」がある対象のふりをするためには，その対象に関する知識を必要とすることに関しては，4歳で既に理解していることを示している。

　まず実験5では，幼児に対して自己のふり理解課題と他者のふり理解課題を実施した。自己のふり理解課題では，参加児に既知の対象（イヌ）や未知

の対象（ルモソ：無意味つづり）のふりをできるかどうかを尋ねた。他者のふり理解課題では、参加児自身のふりの対象に関する知識状態（知識の有無）に関係なく、他者（キャラクター）のふりの対象に関する知識状態に基づいて、他者がその対象のふりをできるか否かを判断できるかどうかを調べた。例えば、イヌを知らない他者は、イヌのふりをすることができるかどうかを、参加児に尋ねた。この課題には、自己知識（2：既知の対象としてのイヌ・未知の対象としてのルモソ）×他者知識（2：知っている・知らない）の4つのストーリーがあった。

2. 方法

⑴ 参加児

千葉市内の幼稚園に通う3-4歳児11名（男児4名、女児7名、平均47か月、範囲41-52か月）、5-6歳児16名（男児8名、女児8名、平均69か月、範囲65-76か月）の計27名。この他に、3名（3-4歳児1名、5-6歳児2名）が緊張等により課題を中断したため、分析には含めなかった。

⑵ 材料および器具

キャラクターの絵カード（女の子4人と男の子4人分。各10cm × 14cm）。参加児と同性の絵カードセットを用いた。絵カードには、各キャラクターの全身が正面から描かれていた。幼児の反応記録のためにICレコーダーを使用した。

⑶ 手続き

園内の静かな部屋で、参加児とのラポール形成後、実験者は個別面接により次の2つの課題を実施した。

自己のふり理解課題：実験者は、参加児にイヌ（もしくはルモソ）を知っているか（知識確認質問）を尋ねた後、イヌ（ルモソ）のふりをすることができ

るかを尋ねた（**ふり質問**）。ふり質問に「はい」と答えた参加児にはイヌ（ル
モソ）のふりをするように頼み，「いいえ」と答えた参加児にはその理由を
尋ねた（**判断理由質問**）。

　他者のふり理解課題：実験者は参加児と同性の他者（キャラクター）の絵
カードを参加児に提示しながら，ある対象に関する他者の知識の有無を説明
し，他者がその対象のふりをできるか否かを尋ねた。例えば，自己知識あ
り・他者知識なしストーリーの場合は，次のように教示した。実験者は参加
児にヒロシの絵カードを示しながら，「これはヒロシくんです。ヒロシくん
はイヌを見たことがないし，イヌのことを知りません」と説明した。その後，
「ヒロシくんは，イヌのふりをすることができるかな？」（**ふり質問**）と参加
児に尋ね，さらにその判断理由を尋ねた（**判断理由質問**）。各ストーリーの詳
細を表 4-1 に示す。

表 4-1　他者のふり理解課題の教示と正答反応

ストーリー		他者名	ふりの対象	他者の知識状態	課題の正答反応
自己知識あり	他者知識あり	ナオキ／ナオコ	イヌ	知る	はい
	他者知識なし	ヒロシ／ヒロコ		知らない	いいえ
自己知識なし	他者知識あり	マサト／マサコ	ルモソ	知る	はい
	他者知識なし	リョウタ／リョウコ		知らない	いいえ

表 4-2　他者のふり理解課題における年齢別の反応数（括弧内は %）

	自己知識あり（イヌ）				自己知識なし（ルモソ）			
	他者知識あり		他者知識なし		他者知識あり		他者知識なし	
	正答	誤答	正答	誤答	正答	誤答	正答	誤答
3-4 歳児	8	3	6	5	6	5	7	4
(n=11)	(72.7)	(27.3)	(54.5)	(45.5)	(54.5)	(45.5)	(63.6)	(36.4)
5-6 歳児	15	1	16	0	15	1	15	1
(n=16)	(93.8)	(6.3)	(100.0)	(0.0)	(93.8)	(6.3)	(93.8)	(6.3)

68 第4章 心理主義的推論によるふりの理解

⑷ 提示順

　全参加児に対し，イヌについての自己のふり理解課題と他者のふり理解課題（自己知識あり・他者知識ありストーリー，自己知識あり・他者知識なしストーリー）を行なった後，ルモソについての自己のふり理解課題と他者のふり理解課題（自己知識なし・他者知識ありストーリー，自己知識なし・他者知識なしストーリー）を行なった。提示順序が後になるほど正答率が増すというような学習効果はなく（表 4-2 参照），提示順序を固定したことによる影響は特に見られなかった。

3. 結果

⑴ 自己のふり理解課題

　知識確認質問：全ての 5-6 歳児がイヌを知っていて，ルモソを知らないと答えた。3-4 歳児群では，全員がイヌを知っていると答え，2 名はルモソも知っていると答えた。

　ふり質問：イヌのふりに関して，27 名中 13 名（48.1%：3-4 歳児 6 名，5-6 歳児 7 名）が「できる」，14 名（51.9%：3-4 歳児 5 名，5-6 歳児 9 名）が「できない」と答えた。ルモソのふりでは，3-4 歳児 1 名（3.7%）が「できる」と答え，残りの 26 名（96.3%：3-4 歳児 10 名，5-6 歳児 16 名）が「できない」と答えた。年齢による回答の違いを見るために，年齢（2：3-4 歳，5-6 歳）×判断（2：できる，できない）の χ^2 検定（ルモソのふりでは Fisher の直接法）を行ったところ，イヌのふりに関する回答（$\chi^2(1)=3.04$, ns）と，ルモソのふりに関する回答（$p=.407$）のいずれでも年齢間に有意な違いはなかった。

　判断理由質問：イヌのふりをすることができないと答えた 14 名中 5 名（35.7%：3-4 歳児 2 名，5-6 歳児 3 名）が知識と関係のない理由（例：「イヌって怖いから」）を述べ，残りの 9 名（64.3%：3-4 歳児 3 名，5-6 歳児 6 名）が理由を述べられなかった（例：「わからない」「できない」）。また，ルモソのふりをすることができないと答えた 26 名中 19 名（73.1%：3-4 歳児 4 名，5-6 歳児 15 名）

がルモソに関する知識の欠如（例：知らないから）を述べ，3名（11.5%：3-4歳児3名）が知識と関係のない理由を述べ，4名（15.4%：3-4歳児3名，5-6歳児1名）が理由を述べられなかった。

(2) 他者のふり理解課題

ふり質問：各ストーリーの反応を正答か誤答（「わからない」反応も含む）に分類した（表4-2）。各ストーリーでの回答に年齢による違いがあるかどうかを調べるために，ストーリー別に年齢（2：3-4歳，5-6歳）×反応（2：正答，誤答）のFisherの直接法による検定を行った。自己知識あり・他者知識あり（p=.273），自己知識なし・他者知識なしストーリー（p=.125）では，いずれも年齢間で回答に有意な違いはなかった。自己知識あり・他者知識なし（p=.006），自己知識なし・他者知識ありストーリー（p=.027）では，いずれも年齢間で回答に有意な違いがあった。自己知識あり・他者知識なしストーリー，自己知識なし・他者知識ありストーリーのいずれにおいても，5-6歳児群は3-4歳児群に比べて正答が多く，誤答が少なかった。

判断理由質問：ふり質問での正答・誤答別に，参加児の述べた判断理由を次の3つのカテゴリーに分類した（表4-3）。(a) 他者知識一致：ふりの対象に関する他者の知識状態と一致する言及（例：他者がイヌを知っているストーリーで「イヌを知ってるから」と言う）。(b) 他者知識不一致：ふりの対象に関する他者の知識状態と一致しない言及（例：他者がイヌを知っているという設定のストーリーで「イヌを知らないから」と言う）。(c) その他・無回答：その他は (a) や (b) 以外の言及（例：「かわいいから」），無回答は理由を答えられなかった場合である。ふり質問に正答した場合には (a) か (c) の判断理由が，誤答した場合には (b) か (c) の判断理由が述べられた。ふり質問での正答・誤答別に，参加児の述べた判断理由に関する年齢による違いを見るために，年齢（2：3-4歳，5-6歳）×判断理由（2：正答では (a) と (c)，誤答では (b) と (c)）のFisherの直接法を用いて分析したところ，正答した場合の判断

70　第4章　心理主義的推論によるふりの理解

表4-3　他者のふり理解課題における判断理由（括弧内は％）

	正答		誤答	
	他者知識一致	その他・無回答	他者知識不一致	その他・無回答
3-4 歳児	2	25	1	16
(*n*=11)	(7.4)	(92.6)	(5.9)	(94.1)
5-6 歳児	38	23	0	3
(*n*=16)	(62.3)	(37.7)	(0.0)	(100.0)

理由において年齢間に有意な違いがあった（*p*=.001）。5-6 歳児群では 3-4 歳児群に比べて，正答した場合に（a）他者の知識状態と一致する理由が多く，(c) その他・無回答が少なかった。誤答した場合の判断理由では，年齢で有意な違いは無かった（*p*=1.00）。

4. 考察

(1) ふりにおける自己の知識状態の理解

　3-4 歳児群, 5-6 歳児群の多くの子どもが，「自分はルモソを知らないから，ルモソのふりをすることができない」と答えた。この結果は，4 歳で既に自分がふりをするためには，ふりの対象の知識を必要とすることを理解していることを示した Gottfried et al.（2003, 実験2）の結果と一致する。一方，全参加児がイヌを知っていると答えたにも関わらず，約半数の参加児がイヌのふりをすることをできないと答えたという実験 5 の結果は，Gottfried et al.（2003, 実験2）の結果と異なる。参加児がイヌのふりをすることができないと答えた理由には，ふりにおける知識状態の理解とは関係のない，別の要因が影響したようであった。なぜなら，イヌのふりができないと答え，その判断理由を説明してくれた子どもの全員が，「イヌって怖いから」や「イヌのふりをしたらママに怒られるから」など，知識と無関係の理由を答えていたからである。

⑵　ふりにおける他者の知識状態の理解

　実験5において，真に幼児がふりにおける他者の知識状態を理解している
かを調べるためには，自己と他者の知識状態が葛藤するストーリーにおける
幼児の反応が重要である。なぜなら，自己と他者の知識状態が葛藤する条件
においては，他者の知識状態に基づいて他者のふりを推測しなければ正答で
きないためである。反対に，自己と他者の知識状態が一致するストーリーで
は，自分の知識状態に基づいて他者のふりを推測したとしても，結果的には
正答してしまう。実験5の他者のふり理解課題の中でも自己と他者の知識状
態が一致しているストーリーにおいては，3-4歳児群と5-6歳児群のいずれ
も60%以上の幼児がふり質問に正答し，年齢間の違いはなかった。しかし
ながら，自己と他者の知識状態が異なるストーリーでは，3-4歳児群に比べ
5-6歳児群でふり質問での正答者が多かった。これらの結果は，5-6歳児は
心理主義的推論によるふりの理解の段階にある一方で，3-4歳児は移行途中
にあることを示唆するものである。この可能性は，判断理由質問での幼児の
回答からも支持される。ふり質問に正答した場合の判断理由として，3-4歳
児に比べ5-6歳児はふりの対象に関する他者の適切な知識状態について述べ
ることが多かった。一方，3-4歳児は5-6歳児に比べて，課題に正答しても
他者の知識状態とは関係のない判断理由を答えることや，理由そのものを答
えられないことが多かったからである。

第2節　ふりの知識内容の理解（実験6）

1.　問題・目的

　実験6では，ふりの知識内容の理解の発達的変化を検討した。具体的には，
3-4歳と5-6歳児に対して，ライオンは空を飛ぶ動物だという誤った知識
を与えられた他者が，どのようにライオンのふりをするのか（腕をはばたか

72　第 4 章　心理主義的推論によるふりの理解

せるように振るか，四つんばいになって歩くか）を選択させた。前節で述べたように，1）ふりの心的状態の理解（心理主義的推論への移行）は，4 歳以降に次第に獲得される可能性が高いことや，2）目的論的推論から心理主義的推論への移行が緩やかに行われる可能性を踏まえると，3-4 歳児群と 5-6 歳児群の遂行に違いが見られ，その遂行の違いから心理主義的推論によるふりの理解への移行の様相を窺い知ることができるだろう。

　この目的のために，他者のふり理解課題を実施した。この課題では，他者がふりの対象に関して誤った知識を持つ「誤った知識ストーリー」と，他者が正しい知識を持つ「正しい知識ストーリー」とがあった。ふりの対象を知らない他者（パペット）が，第三者（ピエロ）からふりの対象に関する正しい（もしくは誤った）知識を与えられた場合に，他者は対象のふりをどのようにするのかを幼児に推測させた後，その判断理由を求めた。

　同時に，ふりにおける適切な情報への接近についての幼児の理解も調べた。Perner（1991）は知識の理解に関して 3 つの側面を提示している。それは，1）真実（事実の正しい表象を作ること），2）適切な情報への接近（自分が事実を見たり，確かな情報提供者によって教えられることによって，信頼できる情報を得ること），3）成功した行為（他の誰かに正しく伝えたり，何かを見つけ出したり，その事実に関わる正しい行為をすること）である。Perner（1991）は，子どもは最初，行為の成功の側面を重視しているが，4 歳以降になると適切な情報への接近の重要性を理解できるようになり，これは心の理論の獲得によるものだと論じた。そこで，幼児はいつからふりにおける適切な情報への接近の重要性を理解しているのかを検討するために，自分（参加児自身）や他者（パペット）が未知の対象のふりをしようとするときに，正しい知識を与える者と誤った知識を与える者のどちらから知識を得るべきかを幼児に尋ねた。

2. 方法

(1) 参加児

千葉市内もしくは川崎市内の幼稚園に通う 3-4 歳児 12 名（男児 4 名，女児 8 名，平均 51 か月，範囲 46-58 か月），5-6 歳児 16 名（男児 7 名，女児 9 名，平均 76 か月，範囲 71-82 か月）の計 28 名。

(2) 材料および器具

赤ピエロと青ピエロのパペット 1 体ずつ。男児パペット 2 体，女児パペット 2 体。女児パペットの行為を表す絵カード 4 枚（四つんばいの絵 2 枚，腕を振る絵 2 枚），男児パペットの行為を表す絵カード 4 枚（身体をくねらせる絵 2 枚，ケンケンする絵 2 枚）。レミング（北ヨーロッパに生息する茶色いネズミ）の写真 1 枚。幼児の反応記録のための IC レコーダーとデジタルビデオカメラ。

(3) 手続き

園内の静かな部屋で，参加児とのラポール形成後，実験者は個別面接により次の 3 つの課題を実施した。質問形式は，イエスバイアスを防ぐために，強制選択法を用いた。

ウォームアップ課題：子どもははじめに，正しい知識を与えるピエロと，誤った知識を与えるピエロがいることを知るためのウォームアップ課題を受けた。実験者は，参加児に異なる色（赤，青）の洋服を着たピエロの人形（赤ピエロ，青ピエロ）を示し，あるピエロはいつも本当のことを（正ピエロ），残りのピエロはいつも間違ったこと（誤ピエロ）を教えると説明した。実験者はピエロに複数の質問（例：リンゴは何色ですか）をし，一方のピエロが正しい事柄（例：赤色），もう一方のピエロが誤った事柄（例：黄色）を述べる様子を参加児に示した。その後，「本当のことを教えてくれるのは，どちらのピエロかな？　赤ピエロかな？　それとも青ピエロかな？　指をさして教

えてね」（**確認質問 1**）「間違ったことを言うのは，どちらのピエロかな？　赤ピエロかな？　それとも青ピエロかな？指をさして教えてね」（**確認質問 2**）と，2つの確認質問を行った。

　これらの確認質問で誤答した場合は，課題を始めから繰り返した。赤・青のうちどちらのピエロが正しい知識を述べるかや，確認質問内の選択肢の提示順は参加児間でカウンターバランスした。3-4歳児1名がウォームアップを2回繰り返しても，2問の確認質問で誤答したため，分析から除外した（この子どもは，上記の参加児の中には含まれていない）。

　自己のふり理解課題：参加児にとって馴染みのないレミングについて，レミングを知っているか，またレミングのふりをすることができるかを尋ねた。全ての参加児がレミングを知らないし，ふりをすることができないと認識していることを確認した（3-4歳児3名が最初はレミングを知っていると答えたが，その全員が後にレミングのふりをすることはできず，レミングを本当は知らないのだと訂正した）。

　その後，「○○ちゃん／くん（参加児名）がレミングのふりをするためには，どちらのピエロにレミングのことを教えてもらった方がいいかな？　赤ピエロかな，それとも青ピエロかな？　指をさして教えてね」（**適切な情報接近質問**）を行い，その判断理由（**判断理由質問 1**）を尋ねた。質問の後，正ピエロが，参加児にレミングの写真を提示し，レミングの正しい説明をした。

　他者のふり理解課題：まず，参加児自身のライオンやヘビに関する知識が，課題内での「正しい知識」と一致するか確認するために，「ライオン（もしくはヘビ）って知ってる？　どんな動物かな？」と尋ねたが，課題中で説明されるのと一致しない内容の知識を述べた参加児はいなかった。その後，子どもに他者（パペット）を紹介し，他者はライオン（もしくはヘビ）を知らないのだと説明した。それから，「○○（パペット名）が，ライオン（もしくはヘビ）のふりをするためには，どちらのピエロにライオン（もしくはヘビ）のことを教えてもらった方がいいかな？　赤ピエロかな，それとも青ピエロか

第2節　ふりの知識内容の理解（実験6）　75

な？　指をさして教えてね」（**適切な情報接近質問**）と尋ねた。

　それから，参加児はふりの対象を知らない他者がピエロから対象に関する正しい知識（もしくは誤った知識）を与えられる様子を見た後，他者がどのようなふりをするのかを聞かれた。例えば，誤った知識ストーリーでは以下のように実施した。実験者は参加児にパペットを示しながら「これはメグミちゃんです。メグミちゃんは今までライオンを見たことないし，ライオンのことを知りません」と説明した。実験者はピエロを登場させ，「赤ピエロがやってきて，ライオンのことを教えました」と言った後，「ライオンっていうのは，羽をバタバタと動かして空を飛ぶ動物なんだよ」とピエロがパペットに教えるように話をさせた。実験者は2枚の絵カード（四つんばいの絵，両手を振っている絵）を参加児に示しながら，「では，メグミちゃんにライオンのふりをしてって言ったらどんなふうにするかな？　こうやって4つの足でノシノシって歩くかな？　それともこうやって手をバタバタって振るかな？　メグミちゃんのすることが描いてある絵を指さして教えてね」（**ふり質問**）と言った。この場合，正しい絵カードは，手を振っている絵である。参加児が絵カードを選択した後，判断理由（**判断理由質問**）を尋ねた。各ストーリーに登場する他者（パペット），ふりの対象，ピエロがパペットに与えた知識内容，提示する絵カード（選択肢），正しい絵カードを表4-4に示す。正しい絵

表4-4　他者のふり理解課題の教示と正答反応

ストーリー	他者（パペット）	ふりの対象	ピエロが他者に与えた知識内容	参加児に提示する絵カード（選択肢）	正しい絵
正しい知識	メグミ		ライオンは4本の足でノシノシ歩く動物	他者（パペット）が四つんばいになっている絵・腕を振っている絵	四つんばい
誤った知識	ユカ	ライオン	ライオンは羽をバタバタと動かして空を飛ぶ動物		腕を振る
正しい知識	ケンタ		ヘビは身体をクネクネさせる動物	他者（パペット）が体をくねらせている絵・ケンケンをしている絵	体をくねらせる
誤った知識	タロウ	ヘビ	ヘビは片足でケンケンする動物		ケンケンをする

カードとは，ピエロがパペットに対して教えた内容と一致する行為の描かれているカードである。

⑷ 提示順

全参加児に対し，ピエロのウォームアップ課題，自己のふり理解課題，他者のふり理解課題の順番で実施した。これは，提示順をカウンターバランスすると，質問の流れが不自然になるためである。ただし，他者のふり理解課題中の，4つのストーリー（対象2（ライオン，ヘビ）×与えられる知識（正しい知識，誤った知識））の提示順は，参加児間でカウンターバランスした。

⑸ 採点方法

他者のふり理解題では，正しい知識を与えるストーリーを2問，誤った知識を与えるストーリーを2問の計4問を実施した。各ストーリーで，正しい絵を選択した場合を1点とした。よって，正しい知識ストーリーと誤った知識ストーリーの得点範囲は，いずれも0-2点となった。

3. 結果

⑴ 自己のふり課題

5-6歳児の全16名（100.0%）と，3-4歳児12名中10名（83.3%）が，適切な情報接近質問において，自分がレミングのふりをするためには，正ピエロにレミングのことを教えてもらうべきだと回答した。そのうち，5-6歳児15名（93.8%），3-4歳児6名（50.0%）が，ピエロの知識付与特性（すなわち，正しい知識を与えること）に関する判断理由を述べた。

⑵ 他者のふり理解課題

適切な情報接近質問：5-6歳児の全16名（100.0%），3-4歳児の12名中10名（83.3%）が，ふりの対象（ライオンかヘビ）を知らないパペットは，正ピエ

ロにふりの対象のことを教えてもらうべきだと述べた。

ふり質問：年齢別の正しい知識ストーリーと誤った知識ストーリーにおける得点を表4-5に示す。年齢による得点の違いを見るために，ストーリー別に年齢（2：3-4歳，5-6歳）×得点（3：0点，1点，2点）のFisherの直接法による検定を行った。その結果，正しい知識ストーリーにおいて年齢によって得点が有意に違う傾向があり（$p=.068$），5-6歳児では3-4歳児に比べて2点をとった参加児が多かった。誤った知識ストーリーにおいては年齢によって得点に有意な違いがあり（$p=.035$），5-6歳児では3-4歳児に比べて2点をとった参加児が多かった。

判断理由質問：4つのストーリーで参加児の述べた判断理由を正答・誤答別にそれぞれ3つのカテゴリーに分類した（表4-6）。(a) ピエロの知識付与：ピエロが正しい（もしくは誤った）知識を他者（パペット）に与えたことへの言及（例：誤った知識ストーリーで「ピエロがバタバタするって教えた」と述べる）。(b) 経験的知識：ふりの対象に関する参加児自身の経験的知識についての言及（例：誤った知識ストーリーで「ライオンはバタバタしないから」と述べる）。(c) その他・無回答：その他は (a) と (b) 以外の言及（例：「わかるから」），無回答は理由を答えられなかった場合である。このうち (a) を適切な判断理由とした。

課題の正答・誤答別の判断理由に関する年齢による違いを見るために，年齢（2：3-4歳，5-6歳）×判断理由（3：ピエロの知識付与，経験的知識，その他・無回答）のFisherの直接法による検定を行った。その結果，正答した場合の判断理由において年齢で有意な違いがあり（$p=.001$），5-6歳児は3-4歳児に比べて (a) ピエロの知識付与に関する言及が多く，(c) その他・無回答が少なかった。誤答した場合の判断理由においても年齢で有意な違いがあり（$p=.01$），5-6歳児は3-4歳児に比べて (b) 経験的知識に関する言及が多く，(c) その他・無回答が少なかった。さらに，誤った知識ストーリーで誤答した場合の判断理由における年齢による違いを調べるために，年齢（2：3-4歳，

78   第4章　心理主義的推論によるふりの理解

表4-5　他者のふり理解課題におけるふり質問の得点（括弧内は %）

	正しい知識ストーリー			誤った知識ストーリー		
	0点	1点	2点	0点	1点	2点
3-4歳児	1	2	9	8	1	3
(*n*=12)	(8.3)	(16.7)	(75.0)	(66.7)	(8.3)	(25.0)
5-6歳児	0	0	16	5	0	11
(*n*=16)	(0.0)	(0.0)	(100.0)	(31.3)	(0.0)	(68.8)

表4-6　他者のふり理解課題における判断理由数（括弧内は %）

	全体						誤った知識ストーリー		
	正答			誤答			誤答		
	ピエロの知識付与	経験的知識	その他・無回答	ピエロの知識付与	経験的知識	その他・無回答	ピエロの知識付与	経験的知識	その他・無回答
3-4歳児	7	15	6	2	8	10	2	8	6
(*n*=12)	(25.0)	(53.6)	(21.4)	(10.0)	(40.0)	(50.0)	(12.5)	(50.0)	(37.5)
5-6歳児	36	18	0	0	10	0	0	10	0
(*n*=16)	(66.7)	(33.3)	(0.0)	(0.0)	(100.0)	(0.0)	(0.0)	(100.0)	(0.0)

5-6歳）×判断理由（3：ピエロの知識付与，経験的知識，その他・無回答）の Fisher の直接法による検定を行った。年齢による有意な違いがあり（p=.02），5-6歳児は 3-4歳児に比べて（b）経験的知識に関する言及が多く，（c）その他・無回答が少なかった。

4.　考察

(1)　適切な情報への接近の理解

　ほとんどの参加児が，自分の知らない対象のふりをするためには，正ピエロに教えてもらうべきであると答えた。その理由として，3-4歳児の半数と5-6歳児の多くが，正ピエロが正しい知識を与えてくれるからだと述べた。また，他者のふりに関しても多くの参加児が，他者がふりの対象に関して正しい知識を持つことの必要性を理解していた。これらの結果から，3-4歳で既に幼児は自己や他者が対象のふりをするためには，ふりの対象に関する正

しい知識が必要であることを理解していることが示唆された。これは
Perner（1991）や齋藤（2000）が，適切な情報への接近の重要性という1つ
の知識の側面の理解は，4歳頃に獲得されることを示したことと一致する。

(2) 他者のふり理解

　5-6歳児は3-4歳児に比べて，ふりの対象に関して他者が正しい知識を持
つ場合と誤った知識を持つ場合のいずれにおいても，他者の知識内容から他
者がするふりの行為を推測することにおいて優れていた。また，課題で正答
した場合の判断理由として，5-6歳児は3-4歳児に比べてピエロが他者に知
識を与えたことに言及することが多かった。これらの結果から，5-6歳児は
3-4歳児に比べて，他者のふりの対象に関する知識内容に基づいて，他者が
ふりをすることをよく理解していることが示された。実験5と同様に実験6
においても，5-6歳児は心理主義的推論によるふりの理解の段階にある一方
で，3-4歳児は移行途中にあることが示唆されたといえるだろう。

　誤った知識ストーリーにおける3-4歳児の成績の悪さは，他者がどのよう
なふりをするのかを聞かれたとき，他者の対象に関する誤った知識よりも，
参加児自身の持っている対象に関する正しい経験的知識に基づいて回答して
しまったことによるものなのかもしれない。すなわち，3-4歳児は，「ライ
オンは四つんばいで歩く動物だ」という自分の経験的知識を抑制できなかっ
たために，「ライオンは空を飛ぶ動物だ」という他者の誤った知識から他者
のふりの行為を推測することができなかったのだろう。

　しかしながら，判断理由の結果はこの可能性を支持しなかった。なぜな
ら，誤った知識ストーリーに誤答した場合には，3-4歳児よりむしろ5-6歳
児の方が経験的知識の判断理由を多く述べたからである。この結果は，3-4
歳児より5-6歳児で判断理由を述べられた子どもが多かったために得られた
とも解釈できる。ただし，5-6歳児でも自身の経験的知識に基づいて他者は
ふりを行うと回答する幼児がいたことは事実であり，この年齢の子どもで

あっても実験6で使用された「ライオンが空を飛ぶ」などの反経験的な事柄から推論することは困難なことなのであろう。実際，演繹推論課題において，5-6歳児でさえも反経験的な事柄から論理的に推論することに困難さを持つことが示されている（Dias & Harris, 1988; 中道，2006, 2009）。今後は，他者の与えられる知識の反経験性を低めることによって，課題に正答しやすくなるかどうかを検討する必要がある。

第4章の研究の一部は下記にて公表された。
杉本直子（2008）．幼児のふりにおける対象の知識と行為との関係の理解．発達心理学研究，*19*，221-231.

第5章 心理主義的推論への移行における
ふり遊びの役割（実験7）

第1節 問題・目的

　これまでの実験から，子どもの早期のふりの理解はふりシグナルを含めた環境からのインプットによって足場作りされた（実験1，2），目的論的推論によるふりの理解であること（実験3，4），子どものふりの理解は後に動作主の心的状態の理解へ，すなわち心理主義的推論によるふりの理解へと移行すること（実験5，6）が示唆された。第5章（実験7）では，目的論的推論から心理主義的推論への移行に，子どものふり遊び経験（ふりの表出）が果たす役割について検討する。

　第1章で論じたように，子どもがふり遊びをすること（ふりの表出）は，心理主義的推論への移行（心の理論の獲得）を助けると予測される。その理由の1つは，ふり遊びにおいて，子どもは自分や他者の心的状態を認識する機会が多いことにある。実際，Hughes & Dunn (1997) は，ふり遊びにおいて，幼児は自らの心的状態について話す機会が多いことを示した。このような発話をすることで幼児は，ふりが物理的な現実ではなく，動作主である自分自身の心的状態に基づいて行われてことを認識するかもしれない。同様に，ふり遊びにおいて遊び相手から語られる心的状態発話を聞くこともまた，ふりにおける動作主の心的状態を幼児に認識させるだろう。すなわち，ふり遊びの中では，動作主の心的状態に関する発言をしたり，それを聞いたりする経験が多く得られるため，それらの経験が心理主義的推論への移行（心の理論の獲得）を助ける可能性がある。第2の理由は，ふり遊びにおいて子どもは，

82 第5章 心理主義的推論への移行におけるふり遊びの役割（実験7）

物理的現実にとらわれずに自由に柔軟に表象を操作することが許されるため，この経験が他者の心的表象の操作を可能とする基盤的な能力を形成しているのだと考えられるからである。このように，ふり遊びの中で得られるこれらの経験が，心理主義的推論への移行（すなわち心の理論の獲得）を助けると予測される。

　このような予測に反して，前述のように，ふり遊びと心の理論の関連については様々な結果が得られている。例えば，Youngblade & Dunn（1995）は，2歳9か月の時にふり遊びの中で役割演技（役をはっきり言語化せずに自分以外の特別な役を演じる）を頻繁に行なう子は，3歳4か月の時に誤信念課題が良くできるという結果を示した。一方，Jenkins & Astington（2000）が，2歳10か月–3歳9か月児を対象とし，7か月に渡って3回の誤信念課題とふり遊びの観察を行なった結果，誤信念課題の成績が良い子どもは，後のふり遊びにおける共同的提案（例：「ここが海ってことにしようよ」）や役割当て（例：「私がお姉さん」）を頻繁に行うことを示した。このように，先行研究は異なる因果関係を示しており，ふり遊びと心の理論の関連についてさらに検証を重ねる必要がある。

　また，Youngblade & Dunn（1995）では，役割演技のような社会的なふり遊びにのみ焦点が当てられていたが，物の見立てが心の理論の獲得を助けるのかを検討する必要もあるだろう。なぜなら，前述のように，ふり遊びにおいて子どもは，物理的現実にとらわれずに自由に柔軟に表象を操作することが許されるため，この経験が他者の心的表象の操作を可能とする基盤的な能力を形成しているのだと考えられるからである。この表象の操作は，物の見立てをするときにも必要とされる。縦断研究ではないが，Nielsen & Dissanayake（2000）はふり遊びにおける物の見立てが，役割当てと同様に，誤信念課題と有意な正の相関があることを示している。そこで，本実験では，縦断的な先行研究で注目された共同的提案や役割演技や役割当てのような社会的なふりに加え，物の見立てを含めたより多様なふりが，心理主義的

推論への移行（心の理論の獲得）を助けるのかを縦断的に検討した。

第2節　方法

1. 参加児

　グループ1（初回調査時は年少児であったが，2回目は年中児になった群）が17名（男児8名，女児9名，平均49か月，範囲43-54か月），グループ2（Time 1：年中→ Time 2：年長）が10名（男児5名，女児5名，平均59か月，範囲55-63か月）の計27名（男児13名，女児14名，平均53か月，範囲43-63か月）。年齢は初回調査時（Time 1）のものである。

2. 手続き

　参加児に対し，誤信念課題とふり遊びの観察を2回行った。なお，Time 1の約8か月後にTime 2の調査を実施した。

⑴　誤信念課題

　Wimmer & Perner（1983）のマクシの誤信念課題，Perner, Leekam, & Wimmer（1987）のスマーティ課題，Flavell, Flavell, & Green（1983）の見かけと現実の区別課題をベースにした3つの誤信念課題を行なった（以下，各課題を位置変化の誤信念課題，中身変化の誤信念課題，アイデンティティ変化の誤信念課題と表記する）。参加児がTime 1の課題を覚えている可能性があるため，2回目においては登場する人物や材料を変えた。課題は全て1問1点として採点し，位置変化の誤信念課題が1点，中身変化の誤信念課題が2点，アイデンティティ変化の誤信念課題が4点の計7点満点である。以下に，各課題の材料と教示方法を示す。

位置変化の誤信念課題

　　材料:クマ人形，ウサギ人形，黄色の箱，青色の箱，玩具のホットケーキ。

　　教示:実験者は，クマがホットケーキを黄色の箱に入れて遊びに出かけた後，クマが不在の間に，ウサギがやって来て，ホットケーキを青色の箱に入れてしまったことを幼児に説明した。その後，実験者は，内容の理解の確認のため，幼児に**確認質問**「今，ホットケーキはどこにある？」（正答：青色の箱）を行った。確認質問に誤答した場合は，再度教示を行った（これは他の課題も同様である）。確認質問に正答できた場合には，お腹をすかせて帰ってきたクマを再び登場させ，**他者の誤信念質問**「クマさんは，ホットケーキがどこにあると思っているかな？」（正答：黄色い箱）を幼児に尋ねた。なお，Time 2では，課題中のクマをイヌに，ウサギをネコに，黄色い箱を缶に，青色の箱をカゴに，ホットケーキをリンゴにそれぞれ変えて行った。

中身変化の誤信念課題

　　材料:鉛筆を2本，マーブルチョコレートの筒，クマの人形。

　　教示:実験者は幼児に予め鉛筆を入れておいたマーブルチョコレートの筒を提示し，**確認質問1**「この中には何が入っていると思う？」（正答：チョコレート）を尋ねた。その後，実験者はチョコレートの筒を開け，中に鉛筆が入っていることを幼児に示した。それから実験者は，チョコレートの筒の蓋を戻し，**確認質問2**「今，この中には何が入ってた？」（正答:鉛筆）を行なった。確認質問2に幼児が正答したら，**他者の誤信念質問**「クマさんはこの中に何が入っていると言うかな？」（正答：チョコレート），**自己の誤信念質問**「蓋を開ける前に，○○ちゃん・君（参加児の名前）はこの中に何が入っていると思ってた？」（正答：チョコレート）を行った。なおTime 2では，Time 1の課題中のマーブルチョコレートの筒をアーモンドチョコレートの箱に，鉛筆を歯ブラシに，クマをイヌにそれぞれ変えて行った。

アイデンティティ変化の誤信念課題

A) 石に見えるスポンジ

材料：石に見えるようにペイントしてあるスポンジ。

教示：実験者は石に見えるスポンジを幼児に提示しながら，**確認質問**「今これを見た時，何のように見える？」（正答：石）を行った。確認質問に幼児が正答したら，実験者がスポンジを握ってみせた後に参加児にも握らせ，それがスポンジであることを知らせた。それから**自己の誤信念質問**「本当は，これは何？ 石？ それともスポンジ？」（正答：スポンジ），**見かけ質問**「今これを見た時，石のように見える？ それともスポンジのように見える？」（正答：石）を行った。

B) 恐竜に見えるウサギ

材料：恐竜の着ぐるみを被ったウサギのぬいぐるみ。

教示：実験者は幼児にぬいぐるみを提示し，**確認質問**「今これを見た時，何のように見える？」（正答：恐竜，怪獣）を行なった。確認質問で正答できたら，被っている恐竜の顔を脱がしてウサギの顔を幼児に提示し，さらにまた元の恐竜の状態に戻して，**自己の誤信念質問**「本当は，これは何かな？ 恐竜（怪獣）？ それともウサギ？」（正解：ウサギ），**見かけ質問**「今これを見た時，恐竜（怪獣）のように見える？ それともウサギのように見える？」（正解：恐竜，怪獣）を行なった。

なお Time 2 では，A）課題の材料として，魚に見えるペンを，B）課題の材料として，ゾウの着ぐるみを被ったパンダのぬいぐるみをそれぞれ用いた。

⑵ ふり遊びの観察

材料：シート（1.8m × 1.8m），デジタルビデオカメラ 3 台，汽車・新幹線・車各 2 台，おままごとセット 1 つ，ぬいぐるみ 2 体，電話 1 台，コルク積み木 1 セット，木製積み 1 セット，ブロック 1 セット。

教示：保育時間内に一緒に遊んでいた幼児を2人ずつ部屋に連れてきた。ラポール形成後，参加児が部屋に慣れてきたら「ここにあるもの，何でも使って良いから2人で遊んでね」と言い，参加児のどちらかが玩具に触れた時から10分間観察を行なった。参加児の遊びの様子は，3台のビデオカメラで撮影された。観察中，観察者は参加児の遊びには介入しないようにした。10分経過後，玩具を片付けるように声をかけ，観察を終了した。

符号化：著者が，ビデオ中の参加児の行動を，次の3つの枠組み，設定（ふり遊びにおける様々なプランの設定），物の見立て（ある物を他の物であるかのように扱う），役割（役割演技，役割当てを含む，自己や他者に役割を割り当てることで起こる行動）の下位カテゴリー（総計20）に分類し（表5-1），1/0サンプリング法を用いて行動を記録した。1観察単位を15秒（10秒観察，5秒記録）とした。ランダムに選んだ10人分のふり遊び（全体の20%）の行動が，別のコーダーによって分類された。2人のコーダーの一致率は93%であった。

第3節　結果

1.　心の理論の発達

Time 1とTime 2における3つの誤信念課題の合計得点の平均値を図5-1に示す。誤信念課題に対して学年グループ（2：グループ1，グループ2）×時期（2：Time 1，Time 2）の繰り返しのある分散分析を行った。その結果，学年グループの主効果が有意であり（$F_{(1, 25)} =8.36, p<.01$），グループ1（年少→年中）よりグループ2（年中→年長）で誤信念課題の合計得点が有意に高かった。時期の主効果が有意であり（$F_{(1, 25)} =14.80, p<.001$），Time 1よりもTime 2の誤信念課題の得点が高かった。グループ×課題の交互作用は有意ではなかった（$F_{(1, 25)} =1.85, ns$）。つまり，誤信念課題は加齢に伴って良くできるようになった。

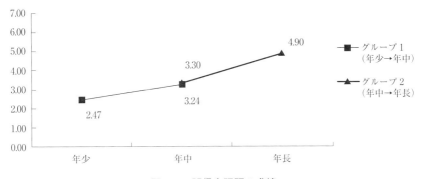

図 5-1　誤信念課題の成績

2. ふり遊びと心の理論の関連

(1) ふり遊びと後の心の理論

Time 1 の各ふり遊びカテゴリー頻度と Time 2 の誤信念課題の成績との関連

　上述の分散分析の結果から，グループ1・2の誤信念課題の成績の上昇の仕方に差が無いことが示されたため，以下ではグループを込みにして分析した。Time 1 の各ふり遊びカテゴリーの頻度と2回目の誤信念課題の成績の相関（Pearson）の結果を表5-2に示す。なお，Time 1 の人（3），人形（2）・(3)，想像（2）・(3) は観察の中で見られなかったか極端に少なかったため，分析には含めなかった（各ふり遊びカテゴリーの具体例と頻度を表5-1に示す）。これは以下の分析でも同様である。その結果，1回目のふりにおける物の見立ての多様性の頻度と2回目の誤信念課題の成績に有意な正の相関があった。

　Time 1 の各ふり遊びカテゴリーの頻度を説明変数，Time 2 の誤信念課題の成績を従属変数とした一連の重回帰分析（強制投入法）を行った（表5-2）。物の見立てにおいて決定係数が有意であり，物の見立てにおける多様性の頻度が，後の誤信念課題の成績を予測した。また，物理的な類似性（3）の頻

88　第5章　心理主義的推論への移行におけるふり遊びの役割（実験7）

表 5-1　各ふり遊びカテゴリーの具体例と頻度

		平均
設定	(1) ふりの枠組についての設定（例：「おままごとしよう」と言う）	0.63
	(2) ふり遊び内の場面・状況・役割の設定 （例：青シートを指して「ここは海ね」と言う）	0.78
	(3) ある場面・状況・役割内での設定やその変更 （例：「（家を）もっと広くする？」と言う）	1.87
物見立て　類似性	(1) 物Aのレプリカを本物のように見立てる （例：玩具の目玉焼きを食べるふりをする）	16.44
	(2) 物Aを色，形，機能が類似している物Bに見立てる （例：円柱形の積み木を撥に見立てる）	17.78
	(3) 物Aを色，形，機能が類似していない物Bに見立てる （例：桃色の輪をイルカに見立てる）	0.07
多様性	(1) 物Aを複数の物Bに見立てる （例：丸い積み木を太鼓に見立てた後，車に見立てる）	1.26
想像物	(1) 実際にはそこに存在しない物を見立てる （例：玩具のガスレンジに想像の火を見立てる）	0.22
役割　人	(1) 自分や他者にふりの役割を当てはめることで起る行動（役割当て，役割演技を含む）	
	（1－暗黙）明確な宣言の無いもの 　　（例：ブロックで作ったピストルに撃たれて倒れるふり）	1.19
	（1－明確）明確な宣言のあるもの 　　（例：「あなたお母さんね，私お姉さん」と言い，演じる）	0.37
	(2) 自分や他者のふりの役割に対して知覚・感覚の経験，感情的経験を付与する （例：玩具の包丁を手に当てて「いてぇ」と言う）	0.07
	(3) 自分や他者のふりの役割に対して認知的経験（思う，考える，信じる等）を付与する（例：なし）	0.00
人形	(1) 人形に対してふりの役割を当てはめることで起る行動 　（1－暗黙）明確な宣言の無いもの 　　（例：キティの人形が料理をしているかのように動かす）	0.06
	（1－明確）明確な宣言のあるもの 　　（例：キティの人形に向かって「赤ちゃーん」と呼ぶ）	0.17
	(2) 人形に対して知覚・感覚的経験，感情的経験を付与する（例：なし）	0.00
	(3) 人形に対して認知的経験を付与する（例：なし）	0.00
想像上のキャラクター	(1) 想像上のキャラクターを作り上げることで起る行動 　（1－暗黙）明確な宣言の無いもの（例：玩具の電話で誰かと会話をする）	0.28
	（1－明確）明確な宣言のあるもの（例：玩具の電話を用いてリスと会話をする）	0.56
	(2) 想像上のキャラクターに対して知覚・感覚的経験，感情的経験を付与する （例：なし）	0.00
	(3) 想像上のキャラクターに対して認知的経験を付与する（例：なし）	0.00

注：頻度の最小値と最大値，平均頻度はグループ（G1,G2）と時期（Time 1, Time 2）を込みにして算出した。

第 3 節　結果　89

表 5-2　Time 1 の各ふりカテゴリーの頻度と Time 2 の誤信念課題の成績の関連

| | | | Time 2 の誤信念課題の成績 | |
			r	β
Time 1 ふり	設定	設定（1）	-.16	-.14
	(R^2=.07)	設定（2）	-.23	-.22
		設定（3）	-.13	.00
	物の見立て	類似性（1）	.22	.00
	(R^2=.44**)	類似性（2）	-.23	-.33
		類似性（3）	-.23	-.38 †
		多様性	.50 *	.51 **
		想像物	.17	.27
	役割・人	人暗黙	.04	.16
	(R^2=.08)	人明確	-.23	-.24
		人（2）	-.15	-.17
	役割・人形	人形暗黙	-.23	-.23
	(R^2=.06)	人形明確	-.06	-.07
	役割・想像	想像暗黙	.09	.10
	(R^2=.01)	想像明確	.03	-.02

†p < .10, *p < .05, **p < .01

度が多いほど，後の誤信念課題の成績は悪いことが示された。その他のカテゴリーにおいては決定係数が有意でなかった。このように，ふり遊びで多様性に分類されるふり行為を頻繁に行なう子どもは，8 か月後に誤信念課題の成績が良く，物理的な類似性（3）に分類されるふり行為を頻繁に行なう子どもは，8 か月後に誤信念課題の成績が悪いことが示された。

⑵　心の理論と後のふり遊び

Time 1 の誤信念課題と Time 2 の各ふり遊びカテゴリーの関連

　Time 1 の誤信念課題の成績と Time 2 の各ふり遊びカテゴリーの頻度の相関を調べた。なお，Time 2 の人（3），人形（2）・（3），想像（2）・（3）に関しても観察の中で見られなかったか極端に少なかったため，分析には含め

90 第5章 心理主義的推論への移行におけるふり遊びの役割（実験7）

なかった。その結果，有意な正の相関，負の相関とも見られなかった（設定
(1)：r=.16，設定 (2)：r=-.13，設定 (3)：r= -.07，類似性 (1)：r=-.04，類似性 (2)：
r=.25，類似性 (3)：r=-.31，多様性：r=-.12，想像物：r=-.08，人暗黙：r=-.09，人
明確：r=-.31，人 (2)：r=.05，人形暗黙：r=.28，人形明確：r=-.05，想像暗黙：r=-
.27，想像明確：r=-.17）。また，Time 1 の誤信念課題の成績を説明変数，2 回
目の各ふり遊びカテゴリーの頻度を従属変数とした一連の回帰分析を行っ
た。その結果，全てにおいて決定係数は有意では無かった。つまり，誤信念
課題の成績は，8 か月後のふり遊びを予測しなかった。

第4節　考察

　実験7では，ふり遊びをすることが，目的論的推論から心理主義的推論へ
の移行（心の理論の獲得）を助けるのかどうかを検証した。縦断的検討の結
果，調査1回目（Time 1）における物の見立ての1種である「多様性」の頻
度が，後の誤信念課題の成績を予測した。しかしながら，Time 1 の誤信念
課題の成績は，Time 2 のいずれのふり遊びカテゴリーの頻度をも予測しな
かった。つまり，ふり遊びが8か月後の誤信念課題の成績を予測するのに対
し，誤信念課題の成績は8か月後のふり遊びを予測しなかった。このよう
に，本実験で得られた結果は，ふり遊びをすることが，目的論的推論から心
理主義的推論への移行（心の理論の獲得）を助けることを示唆するものであっ
た。特に，ふり遊びカテゴリーの「多様性」のようなふりを頻繁に行う子ど
もは，8か月後の誤信念課題の成績で優れているという結果は，単純な物の
見立てではなく，「多様性」のような，より高度な認知能力を必要とする物
の見立てが，同様に高度な認知能力を必要とする他者の心の理解の発達を促
すことを意味しているのかもしれない。

　本研究において，ふり遊びの中で物理的な類似性 (3) のようなふりを頻
繁に行った子どもは，後に誤信念課題の成績が悪かった。高橋（1993）は，

想像力が発達するにつれて，見立てられる事物が見立てる物の形態・機能と
もプロト・タイプから離れても見立てられるようになるとしている。本実験
の参加児は初回調査時の年齢が3歳後半から5歳であり，前述の見立ての段
階で言えば，まだ見立てに実物に近い物を要求する段階にある。そのため，
類似性（3）のような事物の色・形・機能などの類似しない物に見立てるよ
うなふりをすることは遊び相手の認知状態を考慮していない振るまいである
と考えられ，ゆえに後の誤信念課題の成績の悪さを予測したのかもしれない。

　実験7では，従来の研究で見られたふり遊びの設定や役割のようなより社
会的な要素が含まれたふり行為と心の理論の関連は見られなかった。この理
由の1つは，本研究は，実験室の10分間の観察という限られた状況のふり
遊びを観察したことに起因するのかもしれない。もしくは，同様に実験室場
面の10分間の観察を行った Jenkins & Astington（2000）では，衣装のよう
な社会的なふりを誘発するような玩具が用意されていたが，本実験ではその
ような玩具を用意しなかったことが，役割当てや役割演技の出現を減少させ
たのかもしれない。今後は，自然な保育場面でのふり遊びの観察を行うこと
や，社会的なふりを生じさせやすくするような環境を設定することで，より
社会的なふりが，心理主義的推論への移行（心の理論の獲得）を助けることが
示されるかどうかを検証する必要がある。

第5章の一部は下記にて公表された。
杉本直子（2004）．幼児の心の理解におけるふり遊びの役割－物の見立てに注目して－.
　　乳幼児教育学研究，*13*，61-68.

第6章　総合的考察

第1節　結果の概要

　本研究の主な目的は，1) 子どもの早期のふりの理解は，大人を含めた環境からのインプットによって援助されていること，2) 子どもの早期のふりの理解が，目的論的推論によって可能になること，3) 後に子どもは，心理主義的推論を用いてふりをしている動作主の心的状態をも理解できるようになること，4) ふり遊びをすることが，目的論的推論から心理主義的推論への移行（心の理論の獲得）を助けること，を検証することであった。このために，7つの実験を実施した。まず，これらの実験結果の概要を以下に示す。

1. ふり遊びにおける母親のふりシグナル（実験1，2）

　実験1，2の結果は，1歳半の子どものふりの理解が，環境からのインプットの1つである母親のふりシグナルによって足場作りされていることを明らかにした。実験1では，日本の母親がアメリカの母親（Lillard & Witherington, 2004）と同様に，1歳半の子どもの前でふりをして見せるときに，微笑，子どもの顔への注視，効果音などの「これは遊びだ」と伝えるような行動（ふりシグナル）を頻繁に行い，これらの母親の行動のいくつかが子どものふり理解と関連することを示した。さらに，実験2は，1歳半時点での母親のふりシグナルが，2歳時点での子どもの母親以外の見知らぬ他者のふりの理解にも促進的な影響をもたらすことを示した。

94　第 6 章　総合的考察

2. 目的論的推論によるふりの理解（実験 3，4）

　実験 3 の結果は，1 歳半の子どもが，他者の目標は「遊ぶ」ことにあり，他者がふりシグナルを送りながら食べるかのような行為をしている場合には，そこには食物がない（環境上の制約）と予測することを示唆した。さらに，実験 4 の結果は，同様に 1 歳半の子どもは，他者が空のピッチャー（環境上の制約）から，ふりシグナルを送りながら空のコップに注ぐかのような行為（行為）をしている場合，子どもは他者の目標が「遊ぶ」であると推測することを示唆した。このように，実験 3，4 の結果は，1 歳半児が目的論的推論を用いてふりを理解している可能性を示唆するものであった。

3. 心理主義的推論によるふりの理解（実験 5，6）

　実験 5，6 では，3 歳から 6 歳にかけて次第にふりをする人の心的状態をも理解できるようになることを示した。すなわち，3-4 歳児と 5-6 歳児のいずれも，自分と他者（課題中に登場するキャラクター）の知識状態や知識内容が一致する場合には，他者のふりを正しく判断することができたが，3-4 歳児に比べて 5-6 歳児で，自分と他者の知識状態や知識内容が葛藤する場合に，他者の知識状態や知識内容に基づいて他者のするふりを正しく判断することに優れていた。

4. 心理主義的推論への移行におけるふり遊びの役割（実験 7）

　実験 7 では，ふり遊びの中で「多様性」のようなふりを頻繁に行う子ども（3-5 歳児）は，8 ヶ月後の誤信念課題の成績に優れていることを示した。この結果は，ふり遊びにおいて自由に表象を操作する経験が，心理主義的推論への移行（心の理論の獲得）を助けることを意味するものだと解釈することされた。なぜなら，「多様性」に分類されるふりは，1 つの積み木を太鼓ごっこの文脈では太鼓に，車ごっこの文脈では車に見立てるなど，自由に表象を

操作することが求められるからである。単純な物の見立てではなく,「多様性」のような,より高度な認知能力を必要とする物の見立てが,同様に高度な認知能力を必要とする他者の心の理解の基盤を形成するのだと考えられた。

第2節　ふりの理解の発達モデルの検証

　本書の第1章では,ふりの理解に関する先行研究を概観し,また従来のふりの理解の理論の問題点を挙げ,Gergely & Csibra(2003)の意図的行為のモデルを修正したふりの理解の新しい発達モデルを提案した。第1章の図1-5のモデルを,図6-1として示す。まず,本節では第1章で論じたふりの理解の発達モデルについて再度説明をした後,本研究で行った7つの実験の結果から,このモデルの妥当性について検証する。

1.　ふりの理解の発達モデル

　第1章では,子どもの早期(1歳半頃から)のふりの理解は,目的論的推論による行動レベルでのふりの理解であると論じられた。具体的には,目的論的推論の段階では(図6-1の内円),環境上の制約(本物の欠如),行為(as if 行為とふりシグナル)という環境からのインプットから,他者の「遊ぶ」という目標が推測されることによって,他者のふりは理解される。特にふりシグナルは,子どもに本物の欠如や as if 行為に注目させ,他者の行為が真面目に解釈されるべきものではないことに気づかせるという重要な働きをする,と提案された。

　4歳以降に子どものふりの理解は,心理主義的推論による心的状態レベルでのふりの理解へと移行すると,予測された。目的論的推論から,心理主義的推論の段階へ移行すると,「環境上の制約」は「他者の信念・知識」に,「行為」は「他者の意図」に,「目標」は「他者の欲求」にと,推論の構成要

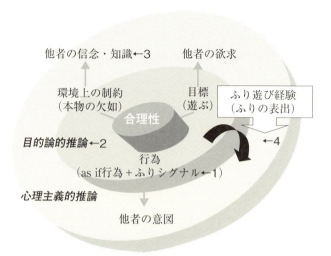

太字：実験によって検証された箇所
図6-1　ふりの理解の発達モデルとその検証

素が変わる（図6-1の外円）。このように，心理主義的推論の段階になると，子どもはふりをするときの動作主の心的状態について理解するようになる。ただし，心理主義的推論への移行はある時突然に生じるのではなく，緩やかに行われるだろう，と予測された。

　さらに，目的論的推論から心理主義的推論への移行は，子ども自身がふり遊び（ふりの表出）をする経験を積み重ねることによって可能となるだと予測された。具体的には，子どもがふり遊びにおいて，自分の心的状態について話したり，他者の心的状態を聞いたりする経験や，自由に表象を操作する練習を重ねることが，心理主義的推論への移行（すなわち心の理論の獲得）を助けるのだと考えられた。

2. ふりの理解の発達モデルの検証

　次に，本研究で行った7つの実験の結果から，このモデルの妥当性について検証する。まず実験1，2（第2章）では，目的論的推論を構成する重要な環境からのインプットであるふりシグナルの存在について確認した（図6-1の矢印1）。また，これらの母親のふりシグナルは，早期の子どものふりの理解を足場作りするものであった。さらに，実験3，4において，1歳半の子どもは，目的論的推論を用いた場合に推測される事象よりも，この推測と一致しない事象を長く注視したことは，1歳半の子どもが目的論的推論を用いてふりを理解している可能性を示唆した（矢印2）。実験5，6では，心理主義的推論におけるふりの理解の中でも，ふりにおける知識に関する幼児の理解に焦点を絞り，検討を行った。その結果，5-6歳児は心理主義的推論によるふりの理解の段階にあるが，3-4歳児は移行途中である可能性が示唆された（矢印3）。最後に，実験7では，目的論的推論から心理主義的推論への移行（心の理論の獲得）に対する，子どものふり遊びの役割について検討した。ふり遊びにおいて自由に表象を操作する経験が，後の心理主義的推論への移行（心の理論の獲得）を助けるという可能性を支持した（矢印4）。

　このように，本研究で行った7つの実験は，第1章で提案したふりの理解のモデルの妥当性の一部を支持した。ふりの理解の発達モデルは，早期のふりの理解と，後のふりの理解が，骨格を同じにし，なおかつ連続性のある2つの推論によって可能となることを説明した。乳児研究の隆盛により，多くの研究領域において，乳児期の理解と幼児期の理解のつながりをどのように説明するのかは，重要かつ困難な課題とされている。そのため，このふりの理解の発達モデルは，ふり理解研究を含めた，認知発達研究の今後の発展に寄与するものであるだろう。

　しかしながら，モデルの全ての側面について検証できたわけではなかった。例えば，目的論的推論によるふりの理解に関しては，他者の「行為」を推測

する課題を考案できず，実験を実施することができなかった。また，実験4では，1歳半児は単に「動作主は，注いだ（もしくは注ぐふりをした）グラスから飲む（もしくは飲むふりをする）」というルールに反したかどうかを判断していただけかもしれないという対立解釈を棄却できなかった。さらには，心理主義的推論によるふりの理解に関しては，ふりにおける「欲求」や「意図」についての幼児の理解を検討しなかった。今後，これらの事柄について検証していく必要がある。

　また，本研究で提案した心理主義的推論よりも，さらに高度な心理主義的推論の段階がある可能性もある。なぜなら，Wellman（1990）は，子どもが4歳頃に獲得する心の理論は決して最終バージョンなのではなく，大人はより精巧で複雑な心の理論を持っていることをモデルで表しているからだ（図6-2）。第1章で提案したふりの理解の発達モデルは，あくまで乳幼児期のふ

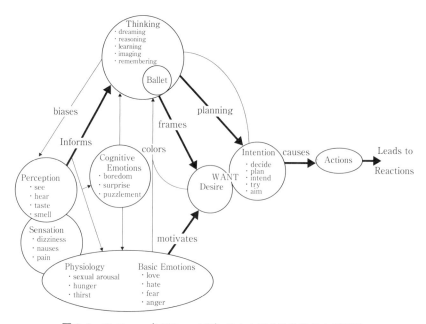

図6-2　Wellman（1990, p.109）の大人による他者の心の理解

りの理解を説明するものであったが，その後の発達を考えると Wellman (1990) による図 6-2 のモデルのように，人の心的状態に影響する多くの要素を含める必要があるだろう。

第 3 節　本研究の意義

1.　ふり理解研究における論争の解決への一助

　従来から，子どもが "いつから" そして "どのように" ふりの心的状態を理解しているのかについて研究者間で議論がなされてきたが，本研究の結果はこの論争を解決する一助となるかもしれない。なぜなら，一部の as if 行為理論家や意図的な as if 行為理論家が言うように，本研究の結果は，心の理論を獲得する 4 歳以降に子どもはふりの心的状態を理解するという主張を支持したからである。同時に，メタ表象理論を唱える Leslie (1987) の，子どもは 1 歳半という早期から，ふりの心的状態を既に理解しているという主張を否定した。早期の段階では，子どもはふりを行動レベルで理解しており，4 歳頃に心的状態のレベルで理解できるようになると考えられる。

2.　大人を含めた環境からのインプットによって足場作された子どもの早期のふりの理解

　本研究は，子どもの早期のふりの理解が，母親のふりシグナルや，本物の欠如などの子どもを取り巻く環境からのインプットによって足場作りされていることを明らかにした。幼い子どもが他者の行動の意味を理解できるように大人が援助するということは，ふり遊びの場面に限ったことではない。Brand, Baldwin, & Ashburn (2002) は，乳児は日々の行動の処理と解釈を大人によって支援されていると主張した。例えば，乳児とやりとりするときに，母親は乳児の注意を自分自身に向け，意味のある行為のユニットを強調

するための方法で自発的に行動を修正するし，乳児はそのような修正された大人の行動を好んで見る（Brand & Shallcross, 2008）。このような大人の行動を，Brand et al.(2002) は "motionese" と呼んだ。Csibra & Gergely(2009) は，大人からのシグナル（e.g., motionese, infant-directed speech, direct gaze）と，子どものシグナルへの敏感性が，人に特有で文化普遍のコミュニケーション・システムを確立していると主張した。彼らはこのシステムを自然な教育学（natural pedagogy）と呼び "それは純粋な観察学習メカニズムだけに頼ったのでは獲得することの難しい，認知的に不透明な文化的知識の社会的学習を迅速かつ有効にする "（Csibra & Gergely, 2009, p. 148）と論じた。ふりをするという行為も同様に観察学習だけに頼ったのでは獲得の難しい行動であるため，自然な教育学のシステムが養育者と子どものふり遊びの中でも働いているのかもしれない。

3. ふりと社会的認知の発達との密接な関わり

　本研究は，ふりの理解やふりの表出が，子ども自身の社会的認知の発達と密接な関わりにあることを示した。子どもは目的論的推論のような単純な推論を用いているばかりでなく，社会的認知（他者の心の理解）の発達とともに，子どもは心理主義的推論というより高度な推論を使用するようになると想定された。さらに本研究は，ふり遊びの中で特定の行動をすることが，他者の心の理解の発達を促すことを示した。本研究の結果は，相関データや回帰分析を用いた縦断的なアプローチによって得られたものではあったが，今後の研究では異なる方法論を用いても類似の結果が得られるかどうかを調べる必要があるだろう。例えば，ふり遊びを訓練することで，子どもの他者の心の理解が発達するかどうかを調べることは面白いかもしれない。子どもの発達におけるふり遊びの効果を適切に評価するために，様々な方法論を用いて比較・検討したり，その際にふり遊びそれ自体とそこで生じる他者との相互作用の効果を区別しうる手続きを用いることは（Lillard et al., 2013)，今後

の重要な課題であろう。

引 用 文 献

Ainsworth, M. D. S., Blehar, M. C., Waters, E., & Wall, S. (1978). *Patterns of attachment, a psychological study of the Strange Situation.* Hillsdale, NJ: Erlbaum.

荒川　歩・鈴木直人 (2004). しぐさと感情の関係の探索的研究. 感情心理学研究, *10*, 56-64.

Aronson, J. N., & Golomb, C. (1999). Preschoolers' understanding of pretense and presumption of congruity between action and representation. *Developmental Psychology, 35,* 1414-1425.

麻生　武 (1996). ファンタジーと現実　金子書房

Astington, J. W., & Jenkins, J. M. (1995). Theory of mind development and social understanding. *Cognition and Emotion, 9,* 151-165.

Baillargeon, R. (2004). Infants' reasoning about hidden objects: Evidence for event-general and event-specific expectations. *Developmental Science, 7,* 391-424.

Baron-Cohen, S. (1987). Autism and symbolic play. *British Journal of Developmental Psychology, 5,* 139-148.

Bateson, G. (1972). *Steps to an Ecology of Mind.* New York: Ballentine.

Bornstein, M. H., Haynes, O. M., Legler, J. M., O'Reilly, A. W., & Painter, K. M. (1997). Symbolic play in childhood: Interpersonal and environmental context and stability. *Infant Behavior & Development, 20,* 197-207.

Bornstein, M. H., Tal, J., Rahn, C., Galperi'n, C. Z., Pêcheux, M.-G., Lamour, M., . . . Tamis-LeMonda, C. S. (1992). Functional analysis of the contents of maternal speech to infants of 5 and 13 months in four cultures: Argentina, France, Japan, and the United States. *Developmental Psychology, 28,* 593-603.

Bosco, F. M., Friedman, O., & Leslie, A. M. (2006). Recognition of pretend and real actions in play by 1- and 2-year-olds: Early success and why they fail. *Cognitive Development, 21,* 3-10.

Brand, R. J., Baldwin, D. A., & Ashburn, L. A. (2002). Evidence for 'motionese': Modifications in mothers' infant-directed action. *Developmental Science, 5,* 72-83.

104   引用文献

Brand, R. J., & Shallcross, W. L. (2008). Infants prefer motionese to adult-directed action. *Developmental Science, 11,* 853-861.

Bruell, M. J., & Woolley, J. D. (1998). Young children's understanding diversity in pretense. *Cognitive Development, 13,* 257-277.

Csibra, G., Bıró, S., Koós, O., & Gergely, G. (2003). One-year-old infants use teleological representations of actions productively. *Cognitive Science, 27,* 111-133.

Csibra, G., & Gergely, G. (2009). Natural pedagogy. *Trends in Cognitive Sciences, 13,* 148-153.

Csibra, G., Gergely, G., Bíró, S., Koós, O., & Brockbank, M. (1999). Goal attribution without agency cues: The perception of 'pure reason' in infancy. *Cognition, 72,* 237-67.

Custer, W. L. (1996). A comparison of young children's understanding of contradictory representation in pretense, memory, and beliefs. *Child Development, 67,* 678-688.

Davis, D. L., Woolley, J. D., & Bruell. M. J. (2002). Young children's understanding of the roles of knowledge and thinking in pretense. *British Journal of Developmental Psychology, 20,* 25-45.

Dias, M. G., & Harris, P. L. (1988). The effect of make-believe play on deductive reasoning. *British Journal of Developmental Psychology, 6,* 207-221.

Fenson, L., & Ramsay, D. S. (1981). Effects on modeling action sequences on the play of twelve-, fifteen-, and nineteen-month-old children. *Child Development, 52,* 1028-1036.

Fernald, A., & Morikawa, H. (1993). Common themes and cultural variations in Japanese and American mothers' speech to infants. *Child Development, 64,* 637-656.

Flavell, J. H., Flavell, E. R., & Green, F. R. (1983). Development of the appearance-reality distinction. *Cognitive Psychology, 15,* 95-120.

Friedman, O., & Leslie, A. M. (2007). The conceptual underpinnings of pretense: Pretending is not 'behaving-as-if'. *Cognition, 105,* 103-124.

Ganea, P. A., Lillard, A. S., & Turkheimer, E. (2004). Preschooler's understanding of the role of mental states and action in pretense. *Journal of Cognition and Development, 5,* 213-238.

Gaskins, S., Haight, W., & Lancy, D. F. (2006). The cultural construction of play. In A. Göncü, & S. Gaskins (Eds.), *Play and development: Evolutionary, sociocultural, and functional perspectives* (pp. 179-202). Mahwah, NJ: Lawrence Erlbaum Associates.

Gelman, S. A. (2009). Learning from others: Children's construction of concepts. *The Annual Review of Psychology, 60,* 115-140.

Gergely, G., & Csibra, G. (2003). Teleological reasoning in infancy: The naive theory of rational action. *Trends in Cognitive Sciences, 7,* 287-292.

Gergely, G., Nádasdy, Z., Csibra, G., & Bíró, S. (1995). Taking the intentional stance at 12 months of age. *Cognition, 56,* 165-193.

Göncü, A., Mistry, J., & Mosier, C. (2000). Cultural variations in the play of toddlers. *International Journal of Behavioral Development, 24,* 321-329.

Gopnik, A., & Slaughter, V. (1991). Young children's understanding of changes in their mental states. *Child Development, 62,* 98-110.

Gottfried, G. M., Hickling, A. K., Totten, L. R., Mkroyan, A., & Reisz, A. (2003). To be or not to be a galaprock: Preschoolers' intuitions about the importance of knowledge and action for pretending. *British Journal of Developmental Psychology, 21,* 397-414.

Gutheil, G., Vera, A., & Keil, F. C. (1998). Do housefile think? Patterns of induction and biological beliefs in development. *Cognition, 66,* 33-49.

Haight, W. L., & Miller, P. J. (1993). *Pretending at home.* New York: SUNY Press.

Harris, P. L., & Kavanaugh, R. D. (1993). Young children's understanding of pretense. *Monographs of the Society for Research in Child Development,* 58 (Serial No. 231)

Hughes, C., & Dunn, J. (1997). "Pretend you didn't know": Preschoolers' talk about mental states in pretend play. *Cognitive Development, 12,* 477-499.

Inagaki, K. (1997). Emerging distinctions between naïve biology and naïve psychology. In H. M. Wellman & K. Inagaki (Eds.), *The emergence of core domains of thought; Children's reasoning about physical, psychological, and biological phenomena. New Directions for Child Development, No. 75.* (pp. 27-44). San Francisco: Jossey-Bass.

稲垣佳世子・波多野誼余夫 (2005). 子どもの概念発達と変化―素朴生物学をめぐって― 共立出版

106   引用文献

Jenkins, J. M., & Astington, J. W. (2000). Theory of mind and social behavior: Causal models tested in a longitudinal study. *Merrill-Palmer Quarterly, 46*, 203-220.

Joseph, R. M. (1998). Intension and knowledge in preschoolers' conception of pretend. *Child Development, 69*, 966-980.

Kudo, K. (2008). MeCab-0.97 [Computer program]. From http://mecab.sourceforge. net/

Leslie, A. M. (1987). Pretense and representation: The origins of "theory of mind." *Psychological Review, 94*, 412-426.

Leslie, A. M. (1994). ToMM, ToBy, and agency: Core architecture and domain specificity. In L. Hirschfeld & S. Gelman (Eds.), *Mapping the mind: Domain specificity in cognition and culture* (pp. 119-148). New York: Cambridge University Press.

Lillard, A. S. (1993a). Pretend play skills and the child's theory of mind. *Child development, 64*, 348-371.

Lillard, A. S. (1993b). Young children's conceptualization of pretense: Action or mental representational state? *Child Development, 64*, 372-386.

Lillard, A. S. (1994). Making sense of pretense. In C. Lewis & P. Mitchell (Eds.), *Children's early understanding of mind: Origins and development* (pp.211-234). Hove, England: Erlbaum.

Lillard, A. S. (1996). Body or mind: Children's categorizing of pretense. *Child Development, 67*, 1717-1734.

Lillard, A. S. (1998). Wanting to be it: Children's understanding of intentions underlying pretense. *Child Development, 69*, 981-993.

Lillard, A. S. (2002). Just through the looking glass: Children's understanding of pretense. In R. W. Mitchell (Ed.), *Pretending and imagination in animals and children* (pp.102-114). Cambridge: Cambridge University Press.

Lillard, A. S. (2006). Guided participation: How mothers structure and children understand pretend play. In A. Göncü & A. Gaskins (Eds.), *Play and development: Evolutionary, sociocultural, and functional perspectives* (pp.131-154). Hillsdale, NJ: Lawrence Erlbaum Associates.

Lillard, A. S., Lerner, M. D., Hopkins, E. J., Dore, R. A., Smith, E. D., & Palmquist, C. M. (2013). The impact of pretend play on children's development: A review of the evidence. *Psychological Bulletin, 139*, 1-34.

Lillard, A. S., Nishida, T., Massaro, D., Vaish, A., Ma, L., & McRoberts, G. (2007). Signs of pretense across age and scenario. *Infancy, 11*, 1-30.

Lillard, A. S., & Witherington, D. C. (2004). Mothers' behavior modifications during pretense and their possible signal value for toddlers. *Developmental Psychology, 40*, 95-113.

Ma, L., & Lillard, A. S. (2006). Where is the real cheese? Young children's ability to discriminate between real and pretend acts. *Child Development, 77*, 1762-1777.

McCune-Nicolich, L., & Fenson, L. (1984). Methodological issues in studying early pretend play. In T. Yawkey & A. Pelligrini (Eds.), *Child's play: Developmental and applied* (pp. 81-124). Hillsdale, NJ: Erlbaum.

Meltzoff, A. N. (2002). Imitation as a mechanism of social cognition: Origins of empathy, theory of mind, and representation of action. In U. Goswami (Ed.), *Blackwell handbook of childhood cognitive development* (pp.6-25). Oxford, UK: Blackwell Publishing.

Mitchell, R. W., & Neal, M. (2005). Children's understanding of their own and others' mental states. Part A. Self-understanding precedes understanding of others in pretence. *British Journal of Developmental Psychology, 23*, 175-200.

中道圭人 (2006). 幼児の条件推論にふりの設定が及ぼす影響. 発達心理学研究，*17*, 103-114.

中道圭人 (2009). 幼児の演繹推論とその発達的変化　風間書房

中道直子 (2011). 乳幼児のふりにおけるふりの理解の発達：目的論的推論から心理主義的推論へ. 学校教育学研究論集，*23*, 1-21.

Nakamichi, N. (2015). Maternal behavior modifications during pretense and their long-term effects on toddlers' understanding of pretense. *Journal of Cognition and Development, 16*, 541-558.

Nichols, S., & Stich, S. (2000). A cognitive theory of pretense. *Cognition, 74*, 115-147.

Nielsen, M., & Dissanayake, C. (2000). An investigation of play, mental state terms and false belief understanding: In search of a metarepresentational link. *British Journal of Developmental Psychology, 18*, 609-624.

Nishida, T, K., & Lillard, A. S. (2007). The informative value of emotional expressions: 'Social referencing' in mother-child pretense. *Developmental*

108 引用文献

Science, 10, 205-212.

Pellis, S. M., & Pellis, V. C. (1997). Targets, tactics, and the open mouth face during play fighting in three species of primates. *Aggressive Behavior, 23*, 41-57.

Perner, J. (1991). *Understanding the representational mind.* Cambridge, MA: MIT Press.

Perner, J., Leekam, S. R., & Wimmer, H. (1987). Three-years-olds' difficulty with false belief: The case for a conceptual deficit. *British Journal of Developmental Psychology, 5*, 125-137.

Phillips, A. T., & Wellman, H. M. (2005). Infants' understanding of object-directed action. *Cognition, 98*, 137-155.

Premack, D., & Woodruff, G. (1978). Does the chimpanzee have a theory of mind? *The Behavioral and Brain Science, 1*, 515-526.

Rakoczy, H. (2008). Pretence as individual and collective intentionality. *Mind and Language, 23*, 499-517.

Rakoczy, H., & Tomasello, M. (2006). Two-year-olds grasp the intentional structure of pretense acts. *Developmental Science, 9*, 557-564.

Rakoczy, H., Tomasello, M., & Striano, T. (2004). Young children know that trying is not pretending: A test of the "behaving-as-if" construal of children's early concept of pretense. *Developmental Psychology, 40*, 388-399.

Rakoczy, H., Tomasello, M., & Striano, T. (2005). On tools and toys: How children learn to act on and pretend with 'virgin objects'. *Developmental Science, 8*, 57-73.

Rakoczy, H., Tomasello, M., & Striano, T. (2006). The role of experience and discourse in children's developing understanding of pretend play action. *British Journal of Developmental Psychology, 24*, 305-355.

Richert, R. A., & Lillard, A. S. (2002). Children's understanding of the knowledge prerequisites of drawing and pretending. *Developmental Psychology, 38*, 1004-1015.

Richert, R. A., & Lillard, A. S. (2004). Observers' proficiency at identifying pretense acts based on behavioral cues. *Cognitive Development, 19*, 223-240.

齋藤瑞恵 (2000).「知っている」ということについての幼児の理解の発達. 発達心理学研究, *11*, 163-175.

Shwalb, D. W., Nakazawa, J., & Shwalb, B. J. (Eds.). (2005). *Applied developmental psychology*: *Theory, practice, and research from Japan.* Charlotte, NC: Information Age.

Slade, A. (1987). A longitudinal study of maternal involvement and symbolic play during the toddler period. *Child Development, 58,* 367-375.

Striano, T., Tomasello, M., & Rochat, P. (2001). Social and object support for early symbolic play. *Developmental Science, 4,* 442-455.

杉本直子 (2004). 幼児の心の理解におけるふり遊びの役割―物の見立てに注目して―. 乳幼児教育学研究, *13,* 61-68.

杉本直子 (2008). 幼児のふりにおける対象の知識と行為との関係の理解. 発達心理学研究, *19,* 221-231.

高橋たまき (1993). 子どものふり遊びの世界―現実世界と想像世界の発達　ブレーン出版

Tamis-LeMonda, C. S., & Bornstein, M. H. (1994). Specificity in mother-toddler language-play relations across the second year. *Developmental Psychology, 30,* 283-292.

Tamis-LeMonda, C. S., Bornstein, M. H., Cyphers, L., Toda, S., & Ogino, M. (1992). Language and play at one year: Comparison of toddlers and mothers in the United States and Japan. *International Journal of Behavioral Development, 15,* 15-42.

Toda, S., Fogel, A., & Kawai, M. (1990). Maternal speech to three-month-old infants in the United States and Japan. *Journal of Child Language, 17,* 279-294.

Tomasello, M. (1999). *The cultural origins of human cognition.* Cambridge, MA: Harvard University Press.

Vosniadou, S. (1994). Introduction. *Learning and Instruction, 4,* 3-6.

Vygotsky, L. S. (1967). Play and its role in the mental development of the child. *Soviet Psychology, 5,* 6-18.

Walker-Andrews, A. S., & Kahana-Kalman, R. (1999). The understanding of pretense across the second year of life. *British Journal of Developmental Psychology, 17,* 523-536.

Wang, S., Baillargeon, R., & Brueckner, L. (2004). Young infants' reasoning about hidden objects: Evidence from violation-of-expectation tasks with test trials only. *Cognition, 93,* 167-198.

Watson, M. W., & Fischer, K. W. (1977). A developmental sequence of agent use in late infancy. *Child Development, 48*, 828-836.

Wellman, H. M. (1990). *The child's theory of mind.* Cambridge, MA :MIT Press.

Wellman, H. M., Cross, D., & Watson, J. (2001). Meta-analysis of theory of mind: The truth about false belief. *Child Development, 72*, 655-684.

Wimmer, H., & Perner, J. (1983). Belief about beliefs: Representation and constraining of wrong beliefs in young children's understanding deception. *Cognition, 13*, 103- 128.

Youngblade, L. M., & Dunn, J. (1995). Individual differences in young children's pretend play with mother and sibling: Links to relationships and understanding of other people's feelings and beliefs. *Child Development, 66*, 1472-1492.

あ と が き

　本書は 2011 年に東京学芸大学大学院連合学校教育学研究科で博士号（教育学）を受けた学位論文を加筆修正したものです。本書中の実験 1-4 は独立行政法人日本学術振興会科学研究費補助金（特別研究員奨励費，課題番号 20・5006，課題名「幼児のふりにおける心的表象と行為の関係性の理解」），実験 5,6 は日本学術振興会科学研究費補助金（若手研究（B），課題番号 18730426，課題名「幼児のふりにおける知識の必要性の理解」）の助成を受けました。さらに，本書の出版に際しては，独立行政法人日本学術振興会平成 28 年度科学研究費助成事業（科学研究費補助金・研究成果公開促進費）（課題番号 16HP5185）の交付を受けました。

　この研究テーマに取り組んだきっかけは，千葉大学教育学部幼稚園教諭養成課程在学中に同附属幼稚園の子ども達の遊びを観察させて頂いたことにあります。子ども達の遊びの豊かさと面白さに触れ，彼らが遊びの中でどのように学び・発達していくのかを実証的に検討したいと思ったためでした。子ども達の自由な遊びが保障される平和で余裕のある世の中でありつづけることを切に願います。

　本書を作成するにあたり，多くの方々にご協力，ご援助頂きました。

　まず，実験にご参加下さったお子様方とそのご家族の皆様，そして実験にご協力下さった幼稚園，保育所，子育て支援施設，保健センターの諸先生方に心よりお礼を申し上げます。特に，お子様方との出会いは，本書で示した結果を超えて，子どもの認知世界の豊かさや，ヒトの発達の素晴らしさを教えて頂きました。重ねてお礼を申し上げます。

　本書に含まれる実験の計画や実施の際には，千葉大学幼児心理学研究室の学部生・大学院生・OG の皆さまに多くのアドバイスやご支援をいただきま

した。特に荒木史代さん，大島みずきさんには，公私ともに大変お世話になりました。記してお礼申し上げます。

本書の元となった博士論文の執筆にあたっては，東京学芸大学の高橋道子先生，岸　学先生，横浜国立大学の堀内かおる先生，千葉大学の大芦　治先生に，大変貴重なご指摘やご教示をいただきました。心よりお礼申し上げます。

また，千葉大学の稲垣佳世子先生に厚くお礼を申し上げます。稲垣先生が授業の中で紹介して下さった文献，そして先生が折々にお話しくださった子どもの認知発達に関する考え方は，本書の核となっています。これからも稲垣先生の教えに恥じないように，精進を続けて参りたいと思います。

そして何より，千葉大学の中澤　潤先生には，学部から博士課程までの長年にわたり，多くのご指導とご支援を賜りました。私の拙い話をいつも面白そうに聞き，温かく見守って下さった中澤先生との出会いがなければ，私が研究者の道を歩むことはなかったと思います。本当にありがとうございました。

最後に，人生と研究の良きパートナーである夫に感謝します。

2016 年 10 月

中道　直子

著者略歴

中道直子（なかみち　なおこ）

1979 年　鹿児島県生まれ
2002 年　千葉大学教育学部幼稚園教諭養成課程　卒業
2004 年　千葉大学大学院教育学研究科（幼児教育分野）　修了
2011 年　東京学芸大学大学院連合学校教育学研究科（千葉大学配置）
　　　　　博士課程　修了
現　在　日本女子体育大学准教授
　　　　　博士（教育学）

主要論文

中道直子（2016）．導かれた参加：年上のきょうだいと 1-2 歳児の社会的
　　　ふり遊び．発達心理学研究, *27*, 23-31.

Nakamichi, N. (2015). Maternal behavior modifications during pretense
　　　and their long-term effects on toddlers' understanding of pretense.
　　　Journal of Cognition and Development, 16, 541-558.

乳幼児における「ふり」の理解の発達

2016年11月30日　初版第 1 刷発行

著　者　　中　道　直　子

発行者　　風　間　敬　子

発行所　　株式会社 風 間 書 房

〒101-0051　東京都千代田区神田神保町1-34
電話 03(3291)5729　FAX 03(3291)5757
振替　00110-5-1853

印刷　藤原印刷　　製本　井上製本所

ⓒ2016　Naoko Nakamichi　　　　　　　NDC 分類：143
ISBN978-4-7599-2149-6　　Printed in Japan

[JCOPY]〈㈳出版者著作権管理機構　委託出版物〉
本書の無断複製は, 著作権法上での例外を除き禁じられています。複製される場合はそのつど事前に㈳出版者著作権管理機構（電話 03-3513-6969,
FAX 03-3513-6979, e-mail:info@jcopy.or.jp）の許諾を得てください。